古代歷史文化研究輯刊

四 編

王 明 蓀 主編

第 1 冊

《四 編》總目

編 輯 部 編

卜辭所見殷商家族制度研究

彭 妮 絲 著

國家圖書館出版品預行編目資料

卜辭所見殷商家族制度研究／彭妮絲 著—初版—台北縣永

和市：花木蘭文化出版社，2010〔民99〕

目 2+136 面；19×26 公分

（古代歷史文化研究輯刊 四編；第 1 冊）

ISBN：978-986-254-221-7（精裝）

1. 家族 2. 商代 3. 甲骨文

544.292   99012815

ISBN - 978-986-2542-21-7

9 789862 542217

古代歷史文化研究輯刊
四 編 第 一 冊   ISBN：978-986-254-221-7

卜辭所見殷商家族制度研究

作　　者	彭妮絲
主　　編	王明蓀
總 編 輯	杜潔祥
印　　刷	普羅文化出版廣告事業
出　　版	花木蘭文化出版社
發 行 所	花木蘭文化出版社
發 行 人	高小娟
聯絡地址	台北縣永和市中正路五九五號七樓之三
	電話：02-2923-1455／傳真：02-2923-1452
電子信箱	sut81518@ms59.hinet.net
初　　版	2010 年 9 月
定　　價	四編 35 冊（精裝）新台幣 55,000 元

《四 編》總 目

編輯部　編

《古代歷史文化研究輯刊》四編　書目

《古代歷史文化研究輯刊》四編
各書作者簡介・提要・目錄

第一冊　卜辭所見殷商家族制度研究

作者簡介

彭妮絲，輔仁大學中文研究所碩士、國立台中教育大學語文教育研究學博士。現任環球技術學院通識教育中心副教授／華語教學中心副教授、國立台中教育大學語文教育學系兼任副教授。研究領域爲語文教育、華語文教學、兒童文學。主要著作包括〈不同華文讀本閱讀理解研究〉（2010）、〈生命關懷視域中之語文教學研究〉（2009）、〈技職應用寫作教材、教學暨課程芻議〉（2009）、〈圖說／言說與視覺想像〉（2008）等論文。

提　要

本文旨在以卜辭爲主，繼輔文材料、考古成果，用以研究殷商之家族。全文計分六章，撮述如下：第一章「緒論」：旨在確立研究之材料、方向，並對氏族、宗族、家族下一界定。第二章「殷商家族之構成」：旨在說明此期家族構成之形式與限制；並透過親屬稱謂制度之範疇分析來看殷商家族的內部結構。第三章「殷商家族之禮儀」：旨在就卜辭所及之婚姻、產子、喪葬，此三種禮儀論述；並探討殷商崇祖祭祀禮儀之本質與目的。第四章「殷商家族之政經基礎」旨在探討婦、子所擁有的政經資源，及其與父家長之間的權力互動。第五章「殷商家族之承襲」：旨在透過世系表與商王在位年數來探討殷商家族之繼嗣方式。第六章綜結卜辭所見殷商家族制度之要點，概括如下：

1. 殷商之婚姻形態爲一夫一妻制兼行一夫多妻之外婚制。
2. 殷商家族成員之關係呈現尊長賤卑之態勢。
3. 商人家族之禮儀涵括婚姻、生與死三事。
4. 每一分支家族，同時也是一個獨立的政治經濟實體，自有其農、牧及田獵收入，在其家族內亦可發號施令。
5. 殷商家族之承襲包含財產繼承與首領地位繼承此二範疇。

所謂「殷因於夏禮，所損益可知也。周因於殷禮，所損益可知也，其或繼周者，雖百世可知也。」文化之發展乃層累而上，周人禮制之臻於完善當其來有自。

目 次

第二冊　武丁早期方國研究

作者簡介

　　楊于萱，現就讀於逢甲大學中國文學系博士班。現任：國立聯合大學華語文學系兼任講師。著作：《武丁早期方國研究》（碩士論文）、〈殷商與西周銘文中「賞」、「賜」二字語法辨析〉（《第九屆中區文字學學術研討會》）、〈論花東甲骨卜辭的否定副詞〉（《東方人文學誌》第七卷第四期）、〈探論殷商至西周時期青銅器銘文中賞賜用字之演變〉（《第十二屆中區文字學學術研討會》）。

提　要

　　基於關切殷商時期各方國之間的生存情形與發展，則須了解方國間的戰爭行為，研究彼此的勢力消長。殷代王室與獨立性強的方國之間可謂關係複雜，方國與方國之間的戰爭行為，卜辭中記錄了戰爭的時間、地點、將領、吉凶禍福、將領，以及邦國之間的相互協助和進貢行為。首先，本論文旨在研究殷商武丁早期的戰爭與方國，嘗試從殷商將領帶兵征戰的情形以釐清當時方國間的互動狀況，並且對於戰爭卜辭中所使用的主要戰爭用語，針對甲骨字形或字義的相近度分成「伐」與「」、「征」與「圍」、「取」與「及」三組戰爭用字以作系統的整理。再者，探討戰爭卜辭時，與戰爭卜辭同版的部分卜辭為祭祀卜辭，也有部分混雜其他關於氣候、疾病等卜辭，筆者選擇與戰爭卜辭同版中僅伴隨祭祀卜辭的辭例，探討戰爭卜辭與祭祀卜辭兩者之間的關係。

目 次

第三、四冊　西周對外經略研究

作者簡介

　　何樹環，1968 年生，國立政治大學中國文學系博士（2000 年），任國立中山大學中國文學系助理教授、副教授。曾教授中國文字學、古文字學、商周青銅器銘文、訓詁學等課程。著有《西周錫命銘文新研》（2007 年）及西周史、文字學、古文字考釋、銅器銘文釋讀之學術論文二十餘篇。

提　要

　　西周承襲商代「四土」的疆域概念，但周人勢力實際擴及「四土」，並非周武王擊敗商紂王的牧野之戰就可達成。依典籍文獻和青銅器銘文的記載，武王時已經注意到對「四土」的經營，而周人勢力擴及「四土」並持續經營，則有賴於其後的諸王。本文即針對西周時期周人對「四土」的經營爲主要範圍，透過文獻和銅器銘文的研究，廣泛地對相關的問題進行討論。主要的問題包括有武王時所奠定的經營方向如何？所完成者爲何？其後西周對東土、西土、南土、北土的經略又如何，最後並就西周對待已臣服者的政策爲何進行討論。另，武王在位的年數及周公是否稱王，二者皆與理解、掌握西周初年歷史關係密切，全文設有二附論，分別討論之。

目　次

第五冊　西周土地所有權研究

作者簡介

　　何樹環，1968 年生，國立政治大學中國文學系博士（2000 年），任國立中山大學中國文學系助理教授、副教授。曾教授中國文字學、古文字學、商周青銅器銘文、訓詁學等課程。著有《西周錫命銘文新研》（2007 年）及西周史、文字學、古文字考釋、銅器銘文釋讀之學術論文二十餘篇。

提　要

　　本文廣泛的討論了西周時期土地的各種現象，初步將當時的土地情形分為取得和轉讓兩個主要部分。在取得方面，指出「王土」的觀念雖然確實存在，但其實際內含是名義遠超過實質。在轉讓方面，除了確定諸侯貴族對土地已掌握所有權，並提出掌握土地所有權的可能途徑即來自於職官組織的強化和累世不變的主從關係的確立。在諸侯貴族已確實掌握土地所有權並以兼併行為擴張土地的情況下，西周末葉的混亂與春秋時諸侯霸權的興起即本於此。

目　次

第六冊　西周衰亡原因之探討

作者簡介

　　梁國真，台灣台南縣人，一九六一年生。成功大學歷史系、文化大學史學

研究所碩士班及博士班畢業，一九九四年獲文化大學史學博士，現任明新科技大學人文社會與科學學院副教授。主要著作有〈從典籍金文綜論西周之衰亡〉（碩士論文）、〈商周時代的東夷與淮夷〉（博士論文）、〈試論西周晚期的外患〉、〈試論商代宗教信仰型態的演變〉、〈西周春秋時代宗教思想的演變〉等。

提　要

　　西周之衰亡，有其複雜的因素和過程。本文綜合典籍與金文資料，從以下幾個角度加以考察：在王權發展方面，西周封建為政治的結構，原有王權與諸侯分權的特色，但是西周中期，王權意識已有所提高，厲、宣之時，王權的發展達於高峰；另一方面，貴族諸侯的勢力也逐漸強大，雙方因而產生權力的衝突，使政治局勢不安，並間接地導致西周覆亡。在禮法制度方面，西周中期時，王室與貴族講究繁文褥節，因而喪了周人的生命活力，而且形成豪奢的風氣，腐蝕社會的根本；此時禮法制度已產生變動或破壞，至西周晚期，破壞得更劇烈，這是西周步入衰亡的重要因素。在軍事方面，西周中期的主要外患是東南方的淮夷，到了西周晚期，淮夷仍叛服不常，北方的外患卻突然加劇，形成南北交侵的局面，厲王雖能平服淮夷，卻阻遏不了戎勢，宣王初期雖敗玁狁，定淮夷，卻消耗了不少國力，以致晚期時，對戎人的戰爭轉趨不利，此一情勢至幽王之時更加惡化，終使西周亡於戎禍。綜合言之，西周之衰，始自中期，而西周之亡，雖亡於幽王之手，但有不少因素已潛伏於宣王時代。本文即從上述幾方面，探討西周衰亡的過程及其原因。全文凡六章：

　　第一章「緒論」：分為二節，除了介紹金文的新資料，和西周史的研究趨向外，並討論西周初期軍事發展、封建和政治權力結構的背景。

　　第二章「政治的治亂和王權發展的衝突」：分為二節，主要探討西周中晚期政治治亂和王權的發展，與西周覆亡的關係。

　　第三章「禮法的僵化與社會的變動」：分為二節，從西周中晚期，禮法制度的變動或破壞，以窺西周覆亡的社會經濟背景。

　　第四章「軍事態勢的轉變」：分為二節，分析西周中期的外患情形，及其對西周晚期之軍事態勢所造的影響。

　　第五章「南北外患的交侵與西周的覆亡」：分為二節，說明南北外患交侵，

對於西周覆亡的影響。

　　第六章「結論」：綜合討論西周覆亡的各種原因，並重申本文的主要論點。

目　次

第七冊　漢初的學術與政治──兼論當時傳統與現實的關係

作者簡介

　　霍晉明，男，1960 年生於台灣台北。1983 年，畢業於淡江大學電子計算機科學系。由於在大學期間，對於人生意義與民族文化前景有著極深的感觸

與憂慮，在多方涉獵思索的過程中，因接觸唐君毅、錢賓四等學者的著作，對哲學、歷史、文化等產生了較大的興趣，並有一定程度的鑽研。1988 年，進入中央大學中國文學研究所就讀，尋因自認對秦漢之際歷史文化之大轉變略有所見，遂以此為題撰寫碩士論文，頗受口試老師之謬賞與肯定。後於 1994 年進入景文科技大學任教至今（2010）；截至目前，在學術上尚未見特殊之建樹與貢獻。

提　要

本文的主旨是：希望經由對先秦至漢初之「學術發展」與「社會變動」兩方面互動關係的研究，來探討漢初（至漢武帝之復古更化）學術與政治形成的原因和特色；並希望藉此研究能對當代所面臨的社會轉型與文化衝突問題有所啟發。

首章旨在說明本文寫作之動機，以及本文論點得以成立所賴之哲學基礎（歷史的意義）與本文所採的研究方法。

第二章是以「對周文崩解之回應」與「繼憂患意識而來的精神發展」為主要線索，來解釋先秦學術發展變化之脈絡。此乃理解漢初的學術淵源所必須者。

第三章則以漢初之民生社會的歷史淵源為研究課題；亦即是對晚周以降的社會變動略作說明。其中以「封建解體與四民社會興起」、「士階層的興起」及「宗族與孝道觀念之普遍化」為討論的核心；並藉以點明學術與政治的互動關係。

第四章則是繼前章之所述，進一步探討漢初之社會政治問題及當時政府的因應對策。分「高祖呂后」、「文景」及「武帝初期」三個階段論述之。旨在說明「復古更化」的由來背景與內容。

第五章討論漢初的學術。承繼前文所說明的先秦學術發展脈絡與春秋戰國時期學術發展與政治社會變化之互動關係，來解釋漢初學術的發展方向與特色，藉此看出如董仲舒等漢儒的用心所在，並明其學術成就與限制。亦即：藉由前文所建立起的解釋系統，期能對漢初儒者作出較為同情公允的評價。

第六章結論，提出「主觀性原則」與「客觀性原則」這一對觀念，以對先秦至漢初這段學術與政治的互動歷程，作一系統性的超越說明；也就是從歷史哲學的角度，（不同於前文以歷史事實為出發）對以上的論題作一回顧。

並指出漢初所面臨的社會變動，在性質上與當代有相類之處，其中實有值得我們深思者在。

目 次

統一帝國之宗教（221B.C.～8A.D.）

作者簡介

　　林慶文，1964 年生，東海大學文學博士，現任北台灣科學技術學院通識教育中心副教授，研究領域在：宗教學、當代小說敘述學、書法美學等方面，已發表論文有《當代台灣小說的宗教性關懷》、〈神聖的書寫——寫經的宗教與審美藝向〉、〈非愚即狂——當代小說的瘋癲修辭〉、〈竹林七賢——文化主題的形成與運用〉等篇。

提　要

　　統一帝國的宗教問題是一項比較性質的歷史問題，由封建進入帝國，不同的政治體制使宗教的型態也有不同的反映，這種現象除了表現在國家對宗

教的態度與作用外，也表現在封建天子與帝國皇帝的個人宗教行為上。本文主要處理的對象就在秦至西漢（221B.C.～8A.D.）這一轉變的樞紐時期。

第一章〈前言〉，討論本文的研究取向、觀點及主要內容。

第二章〈禮制與國家祀典〉，說明禮如何由個人的宗教祭祀行為演變成公共事務的制度，同時從禮制的角度討論「國家祀典」的精神與價值，以及它在封建帝國時代所呈現的不同意義與作用。

第三章〈秦帝國宗教〉，西漢許多宗教觀念都是承襲秦朝而來，本章討論秦民族的祭天活動，說明它與西漢五帝信仰的關係。而在皇帝求仙行為方面，討論皇帝本身的神人二重特質，以及方士的性格，和方士在為皇帝求仙活動服務中所扮演的角色。

第四章〈漢帝國宗教〉，主要討論的對象在宗廟、郊祀與統一帝國的天道思想。首先，具有祖先崇拜意義的宗廟，由於進入帝國時代，天下百姓對於統治者不像封建時代由於宗法關係而有血緣上的認同，因此帝國時代的皇帝宗廟只具有家天下的性質，而元帝以後的宗廟制度改革，儒生主張的回歸經典，實含有使其制度化的意味在。其次，在郊祀方面，以武帝時的太一祭祀及元帝、成帝時郊祀改革，探討作為國家正當性基礎的郊祀活動，在西漢的變化及其中蘊涵的思想轉折。至於統一帝國的天道思想主要在探討董仲舒的天道觀，說明其思想淵源、內容，以及在政治上的作用。

第五章〈結論〉，簡述政治與宗教在結合上對彼此的利弊影響。

目　次

第八冊　漢晉之北族與邊疆史論

作者簡介

　　王明蓀，祖籍湖北當陽，於 1947 年在安徽蚌埠出生，成長於台灣。1970 年畢業於中國文化大學史學系，1975 年獲政治大學法學碩士，1983 年獲教育

部國家文學博士。曾任教於淡江、中興、佛光大學，現任中國文化大學史學系所教授。教學及研究範圍主要在於宋遼金元史、史學與思想史、社會文化史、北方民族史等。出版專書有《元代的士人與政治》、《蒙古民族史略》、《中國民族與北疆史論‧漢晉篇》、《王安石》、《宋遼金元史》、《遼金元史論文稿》、《宋史論文稿》、《遼金元史學與思想論稿》等十餘種，學術論文八十餘篇；並有關於台灣社區營造、文化資源等文史研究數種。

提　要

　　本書專論中國北方民族與邊疆之關係，總體而言為歷史上胡漢關係的一部份。主要在於探討自先秦的夷夏分別及邊防政策，至於兩漢形成的北邊政策以及漢晉時期的北疆經營。其次為討論北方諸胡族的逐漸滲透，以及所造成的動亂，與國防問題；又兼及漢晉所承自先秦夷夏觀的發展。故本書所論內容的範圍，起自先秦至於西晉時導致的五胡亂華止。

　　全書分七章論說，首章為緒論，說明中國史上有長期的胡漢關係，北族生聚之北疆有其考古文化之發現及在歷史上之地位等。第二章討論先秦夷夏的分別以及傳統夷夏觀的形成。第三章論先秦邊防政策的大要，而於兩漢時期逐漸形成的幾種北疆政策及其論點。第四章說明自兩漢漸有北族入居於長城之內，而致於魏晉後有大量的移入。第五章在於分析漢晉時期對北族的和戰、羈縻等政策製訂的過程，並論對北族及邊疆的經營情形。第六章討論自先秦形成的夷夏觀在漢晉時期的發展演進，並略論胡族的生活與民族關係。第七章則為本書的結論。

目　次

第九冊　北魏皇位繼承不穩定性之研究

作者簡介

　　蔡金仁，台灣省苗栗縣人，民國 59 年出生於嘉義，不久後遷居台中，在台中市完成小學、國中、高中教育，之後於台北完成所有高等教育，在台灣這塊土地北、中、南三個區域皆曾長時期居住過，台北、台中各居住十五年，現定

居高雄市，任教於樹人醫護管理專科學校通識教育中心。淡江大學中國文學系學士、淡江大學國際事務與戰略研究所碩士、中國文化大學史學研究所博士。

提 要

皇位繼承一向是研究歷代政治鬥爭焦點，因專制王朝最高領導者是皇帝，為了爭奪此一至尊地位，不論是漢民族所建的中原王朝，或少數民族（非漢族）所建的征服王朝與滲透王朝，皇位繼承均不穩定。漢民族所建的王朝一般採嫡長子繼承制，少數民族所建之征服王朝與滲透王朝，其皇位繼承從原本在塞外所採用的推選制，在統治中國後逐漸漢化受漢民族的嫡長子制影響，皇位繼承在推選制、嫡長子制二種思維中激盪，易代之間常生動亂，經常處於不穩定狀態。

北魏乃中國最早統一北方與南朝漢民族政權對立的少數民族王朝，故選定北魏為研究對象，同時也是因北魏宮廷存在一種特殊繼承文化，在漢民族及其他少數民族王朝亦頗為罕見。此特殊繼承文化即道武帝所訂定之「子貴母死」制，在皇位繼承人確定後，便殺害其生母，目的為防止母后干政。終北魏一朝，「子貴母死」不僅影響皇位繼承，更成為政治鬥爭工具。

本書基本架構除緒論、結論外，內文共分五章，一、二章首先將漢民族與北亞游牧民族的不同繼承方式加以闡述比較，並將游牧民族進入中原後繼承制的變化做一分析，探討其變動之因。其次考察拓跋氏在部落聯盟時期，從神元帝力微至道武帝之君位繼承，歸納出影響此時期君位繼承之因素與力量。接著將「子貴母死」之制訂與執行，及其對皇位繼承的影響做一檢討。

三、四兩章則對北魏王朝之皇位繼承做一徹底研究，從明元帝繼位至孝明帝止，分析每位皇帝繼位之過程，探討影響其繼位之力量為何？第五章歸納得出影響北魏皇位繼承之因素與力量，分成皇太后、拓跋宗室、代人貴族、官僚系統、宦官五部分詳加考察，綜合得出各種因素與力量在北魏皇位繼承過程中發揮之影響與效果。

隨著時空政治環境的差異，政治勢力會有所改變，各時期影響皇位繼承力量亦不同，但仍然有其脈絡可循，從歷史的考察研究中瞭解造成北魏皇位繼承不穩定之各項因素與力量，必能對北魏的皇位繼承有一全盤且詳盡的瞭解。同時，北魏皇位繼承不穩定事實的具體呈現，能提供研究少數民族王朝皇位繼承的新取向，希望對日後研究少數民族政權皇位繼承的部分能有所貢獻。

目 次

第十冊　西魏北周時期具官方色彩的佛教義邑

作者簡介

　　杜正宇，出生於高雄市，東海大學歷史碩士。現於國立成功大學攻讀歷史博士。學術興趣為歷史保存（Historic Preservation），除擔任《新化鎮志》總編纂，並協同主持數個歷史保存計劃之古蹟、文化、歷史調查。發表〈台美

歷史保存的歷程與差異〉、〈美國歷史保存運動的興起——弗農山莊婦女協會的保存行動（1853～1860）〉、〈人口統計與英國婦女史研究〉等文。

提　要

　　盛行於北朝的佛教組織——義邑，在政教結合的體制下，多少帶有「以教輔政」的色彩。尤其是由官員主導，頗具官方色彩的佛邑，至少在西魏北周時期，不但反映出區域形勢的變化，更對國家政權，以及社會結構起了重要的凝聚力量。不過，義邑之間，由於形態、屬性等不同，自然也造成了彼此的差異。

　　符合"軍事團體"及"軍政首長"類型的義邑，不單組織成員，多與軍伍有關，佛邑的分布，也多位於塢堡與前線城鎮，影響所及，其造邑目的，亦多基於對「家」以至「國」的認同。透過祈願與儀式，除了強化中央對地方的掌控，也落實了邊區戰士對關隴王朝的效忠，對於"關隴團體"的統合，起著一定的作用。

　　即使在豪強當道的社會裡，佛邑也發揮了整合族群的功效。藉由義理與齋戒、法會等活動，進一步促成了"豪強共同體"。而"強宗大姓型"的義邑，其組成多與世家強族有關，其分布也多處地方勢力抬頭的地區。可謂是世家、豪族等群體，爲聯繫宗族與鄉里間"鄰人"關係，強化共同體結構的重要元素。

　　就"民族融合"的層面而言，相同的血緣、地緣，甚至相同的文化、風俗習慣，都是彼此連結的構件。部分的邑裡，不僅見證了羌族歸化的過程，反映了族群的遷徙與定居，而佛邑的興造，也不只標示了"政治共同體"的成形，更使得關中部族，邁向了融合的道路。

　　至於佛邑的分布，除了關內西北一帶，已拓至驛道未及的鄉里，其餘的義邑，則多集中於通州要衝的地段。不僅河東、河南等佛邑，分布於邊境的交通幹線，渭南、渭北的義邑，亦多處黃河水系等往來便利地區。而區域間的形勢發展，也多影響了其分布的特性，因而如扇形的分層——完全掌控的內地、局勢不穩的地區、局勢緊張的邊地——，散布著官方涉入程度不一的佛邑。

目　次

第十一冊　中國五、六世紀盂蘭盆會之探源

作者簡介

　　吳明遠，台南市人。成長於一宗教氛圍濃郁的南部傳統家庭。由於父親篤信佛教，從小即對佛教有其相當程度的接觸。於台南一中就讀期間，因受歷史老師易世宗先生影響進入台大歷史系就讀。大學期間在學長的引領下，於溫州街天德黌舍愛新覺羅毓鋆老師門下讀了兩年左右的四書。進入台大歷史所後，因修讀周伯戡教授所開「西文佛學名著」課程拜入其門下，並在其指導下完成以盂蘭盆會為研究主題的碩士論文。

提　要

　　本書的研究重點主要在於以下三方面：第一，利用藏內相關文獻，就歷

代經錄中所存在關於《盂蘭盆經》的問題加以深入討論。比如，本文藉由釐清《灌臘經》與《盂蘭盆經》、《報恩奉盆經》之間的關係，進而論證早於盂蘭盆會形成之前，作爲中土僧團解夏自恣日的七月十五日已是僧團重要年中行事。此外，本文亦針對盂蘭盆會的最早舉行時間加以深入討論。筆者藉由祐錄（〈法苑雜緣原始目錄〉）發現了一條極爲珍貴的記載，即早在僧佑（445～518）當時江南僧團已經開始舉行盂蘭盆會。第二，本文以《盂蘭盆經》爲主，搭配相關文獻，嘗試就人、事、時、地四方面來重建當時盂蘭盆會的儀式內容與過程。第三，本文在 Teiser 該文的基礎上，繼續討論目連此一角色在盂蘭盆會所扮演的關鍵角色。並藉由目連救母故事與優多羅母故事、那舍長者故事相比較以討論爲何中土民眾最終普遍選擇了以目連救母故事爲核心的《盂蘭盆經》。

目　次

第十二、十三冊　漢唐民間結社研究

作者簡介

　　黃懷德，台灣省雲林縣人，1975 年生。國立政治大學歷史學系碩士，現任桃園縣立壽山高中歷史科教師；仍就讀於國立政治大學歷史學系博士班。專長領域有二：

　　一是中國秦漢時期社會史。發表專文有〈唐五代宋初敦煌私社的活互助功能〉，《政大史粹》第五期（台北，2003）。另，〈東晉南朝江南的「佛會」──兼論山崎宏的「法社」說〉一文，曾獲 94 學年政治大學史學論文獎論文組第二名。

　　二是國軍的戡亂戰史。曾於 2003 年「1940 年代中國軍事史國際學術研討會」提報〈國軍徐蚌會戰失利原因試析──以第一階段戰事為中心〉，收入：《中華軍史學會會刊》第九期（台北，2004）。

提　要

　　從先秦以迄近代，最基層鄉里聚落的「社」，於春、秋兩季的社日，由群眾共同出錢出力，操辦祭祀社神與聚飲活動，提供了娛樂與社會交際的功能，是鄉里社會生活中不可或缺的一部分。在唐代以前，民間除了「社」的組織

之外，漢代有單、僤、彈、墠等民間團體，已具有協力共耕、地方事務與商業合作等功能。北朝有邑、邑義、法義等奉佛團體，除從事造像外，亦有進行造橋、鋪路、掘井、植樹等，符合佛教福田事業的公共建設；甚至於還有「義」的組織，則是專門進行社會救濟事業。至於南朝，則是組織較爲鬆散，屬於淨土法門，多爲名士與高僧結合成的「佛會」。復次，有學者曾論及的「法社」，則暫視爲佛教信徒中，一種以不殺牲而守戒的佛教齋會「法社齋」存疑。

唐代私社大盛，各類民間團體都可以用「社」作爲組織名稱，具有多重功能的民間結社，活躍於庶民社會，其組織也邁向成熟與定型。傳統春、秋二社已是民間重要的歲時節日之一，社神的選配、社日活動的形式等方面，也已漸趨定型；除了依村里聚落所組成的祭社外，許多私社也具備此一功能。再者，奉佛雖仍是結社目的之大宗，但如喪葬互助，急難基金的設置，迎娶、生子、立莊造舍、遠行、疾病慰問等生活互助功能，也多能在私社中彰顯。

私社的組織與功能，除能反映庶民日常生活所需之外，國家在此間的態度，也深刻影響著民間結社的發展。

目　次

第十四冊　唐代江西地區開發研究

作者簡介

黃玫茵，國立台灣大學歷史學研究所博士。現任職私立元智大學通識教育中心、私立華梵大學人文教育中心。研究領域：隋唐五代社會史、中國法制史。

提　要

本書從交通、州郡戶口、經濟、人文等面向考察唐代江西地區的開發。

江西地區在其發展歷史中，一直以地理位置、交通路線受重視。隋唐時代政治中心在北，在唐代前期只重視江西通嶺南的交通重要性；唐代後期，中央財賦倚重東南八道，才開始重視江西地區的經濟發展，進而使農業、商業更形發達。

唐代後期江西人文發展，乃以經濟發展為基礎。更多人因此得以脫離經濟生產而投入讀書應舉行列。進士的大量出現，除了得力於經濟基礎外，書院教育的發達，南來的著名士子文人與南下官員亦帶來文化刺激。文風昌盛，士子習業應舉遂成風尚。

唐末五代的江西地方領袖以辟召幕僚、薦舉士子吸收外地人才，為宋代儲備更多人才，成為宋代江西高度人文發展的基礎。宋代江西文士在政治界、

文學界、史學界、思想界等領域展表現傑出，並有科舉世家。

目　次

第十五冊　晚唐財稅與政局演變之研究

作者簡介

　　林偉洲，中國文化大學史學研究所博士（1999）。現任大葉大學工業設計學系專任助理教授。曾任國家圖書館特藏組古籍整編小組約聘、文化大學史

學系兼任講師、大葉大學通識教育中心專任助理教授。著有〈唐河北道藩鎮的設置、叛亂與轉型──以安史之亂爲中心〉、〈天下兵馬元帥與中唐帝位繼承〉等論文多篇。

提　要

　　本文研究目的旨在於探討晚唐新稅制的形成過程，及其中非理性的人爲成分。新稅制當然需要有新的財政配合，其制度化的過程，及隱含的權力運作，成爲本文研究的另一重點。全文共分六章。

　　第一章「前言」：說明本文研究的旨趣。

　　第二章「劉晏的理財」：凡分六節。分別就劉晏所掌轉運、榷鹽、常平、鑄錢爲經，重商理念爲緯，並作爲新財政制度之起。

　　第三章「政治衝突與兩稅法的產生」：凡分三節，以劉晏、楊炎政治衝突爲背景，討論兩稅法產生的政治因素。

　　第四章「兩稅法的形成及其徵稅原則」：凡分三節，由兩稅產生前的徵稅方法，至兩稅的實行及其演變。

　　第五章「山澤之利的開採與戶部三司的形成」：凡分三節，討論正稅制外的另一稅收系統，並兼論戶部三司制度化過程。

　　第六章「結論」：說明本文研究所得及將來旨趣。

目　次

唐朝與吐蕃和親之研究

作者簡介

馮藝超，國立政治大學法學碩士，著有《唐詩中和親主題研究》、《特別的字慧》專書及《子不語》、《聊齋》研究等相關論文，並先後在報章雜誌開闢「字裡人生」、「筆劃人生」、「字裡乾坤」及「一字見眞章」等專欄。現任教於母校中國文學系，講授古典詩歌、古典小說等課程。

提　要

　　本論文研究範圍自唐太宗貞觀八年（西元 634 年），吐蕃初次遣使朝唐而後文成公主下嫁起，至玄宗開元二十七年（西元 739 年），金城公主薨，唐蕃

和親關係告終止，中間共一百零五年的史事。目的在探究唐朝與吐蕃和親的原因、經過，以及和親對雙方所造成之影響。全文除前言外，共六章十六節。第一章「緒論」，闡述和親的意義、淵源、演變及唐朝對和親政策的態度；第二章「唐蕃和親之背景」，就吐蕃的先世及其種性，唐蕃雙方對峙態勢的形成及基於事實上的需要等加以論析；第三、四章「文成、金城兩公主之和親」，就和親契機陳述吐蕃請婚的經過，與文成、金城兩公主入藏前後的情形探討當時的實際情況；第五章「唐蕃和親之效果與檢討」，就政治、軍事、經濟、文化以及其他方面對唐蕃雙方的影響作評估；第六章「結論」，除就全文作綜合性的總結外，對唐朝與吐蕃和親的得失提出看法。

目　次

第十六冊　唐碑誌研究（一）女子身份與生活部份

作者簡介

　　周奢，學、經歷：已從教職退休。習作概略：《〈太平廣記〉人名書名索引》、《六朝志怪小說研究》、《神異經研究》、《老子考述》、《陰符經考》、《吳越釋氏考》、《〈比丘尼傳〉及其補遺考釋》、《尼師成道典型之研究》、《易經卦爻辭考說》、《周易翼傳考說》等。

提　要

　　碑誌的彙整，近人統以「石刻史料」歸之；其研究，則尊之曰「石學」。石學的研究，代不乏人；且各領域的成績，更是斐然可觀。

　　本論文僅就已出土的唐朝碑誌中有關女子的資料，作一董理與爬疏；所以碑誌雖多，可資運用的，乃不多覯也。因分成兩大部分，以爲論述：上篇曰「身分考」，下篇曰「生活考」。

　　「身分考」，殆自后妃、公主、宮女以至於庶民女子，所謂「烈女」之研

究也。

「生活考」，則婚姻關係固是重要課題（如：婚齡、門第、再醮、繼室、合祔等等），即如：命名、語言、教育、宗教以及於喪葬之實情，也都在探討之列焉。

然而，受限於時間與個人學力，猶有不及探討者，如：宦官、比丘尼等厥為此後究心所在也。

目　次

第十七、十八冊　唐代僧俗交涉之研究——以僧人世俗化爲主

作者簡介

　　葉珠紅，臺灣省台南縣人，逢甲大學中文研究所博士。著有寒山研究專書：《寒山詩集校考》，台北，文史哲出版社。《寒山資料考辨》，台北，秀威科技公司。《寒山資料類編》，台北，秀威科技公司。《寒山詩集論叢》，台北，秀威科技公司。論文集：《絳雲集》，台北，秀威科技公司。考古記遊散文：《流光千里芰荷香——吳越江南三十天紀行》，台北，秀威科技公司。

提　要

　　「僧俗交涉」之「交涉」，意指兩個不同範疇之間相互產生影響。本書主要探討唐代帝王、皇室貴族、官吏、文士、庶民，與佛教、僧人三百年間的互動概況。論文共分十章，首章〈緒論〉，說明筆者之研究動機與目的；第二章至第七章，分析唐代帝王以至庶民，與佛教高僧、異僧、藝僧來往的情形；第八章〈僧俗交涉所彰顯之寺院功能〉，論唐代寺院除了以鎮寺之寶與傳說、奇僧逸聞招來信眾，寺院尚有濟貧救苦設施，如普通院與悲田養病坊，此外，寺院在文化休閒與娛樂方面，多有貼近民眾的措施，如上元燈節、賞牡丹花、

觀百戲與開俗講，是唐人不分身份、階級，樂於跡向寺院的主因；第九章〈唐
代僧俗交涉對於文化之觸發與創建〉，唐代僧俗交涉，對後代「財施」觀念的
強化、對佛教戒律的奠定，佛教節日如盂蘭盆會的定型，佛教文物如經幢與
舍利的流行，均有所觸發，對於世學之創建，如中國第一部韻書，成於僧人
之手，詩學觀念與詩體的新創，茶文化與書法藝術的發揚，僧人的推波助瀾，
有其創發之力，此外，唐代古文家與僧人之會通儒、釋，對於宋代理學之陽
儒陰釋，有啓發之功；第十章〈結論〉，通過各章之論述，對唐人與佛教的互
動，提出總體性的評價，與若干值得進一步研究的問題。

目　次

第十九、二十冊　唐妓探微

作者簡介

　　鄭志敏，1966 年出生於臺灣西海岸雲林縣臺台西鄉的偏遠漁村，在嚴酷海風與熾熱豔陽中成長。1986 年自臺北工專電子工程科畢業後，因本身志趣，決定轉換人生跑道，插班考進中興大學歷史系就讀。1996 年自中興大學歷史研究所碩士班畢業，2001 年取得臺灣師範大學歷史學博士學位，目前任教於高雄縣私立輔英科技大學共同教育中心。重要著作有《Hello！臺灣史》、《杜聰明與臺灣醫療史之研究》等書及〈二二八事件前高屏地區的傳染病防治——以霍亂、天花為中心的探討〉、〈日治時期高雄地區臺籍醫師的政治與社會參與（1920-1945）〉等多篇論文。

提　要

　　有唐一代，狎妓風盛，固是因為經濟繁榮富裕後的自然現象，同時也是

社會上流階層的引導所致。在上位的帝王，坐擁龐大的宮妓隊伍，王公大臣、富貴豪門也有專屬的官妓與家妓，長安、洛陽等大城市，營業的民妓，更是許多文人士子流連忘返、甚至為之傾家蕩產的風流淵藪。唐末孫棨《北里志》的撰就，堪稱是中國歷史上第一本「狎妓指南」，更標示出女妓在唐代具體的社會角色轉變。

本書先就唐代狎妓風氣形成的歷史背景因素入手，繼而敘述唐妓的分類。最深入的探究，在於理出唐代女妓之所以成為文人墨客留戀對象的內在成因。她們不是僅能薦枕席的皮肉之軀，而是能精通琴棋詩書、講談幽默、歌喉出眾、多才多藝的不凡女子，她們提供士人制式婚姻之外的不同選擇與歡愉，更直入士人的心靈深處，讓他們的詩學創作，藉其歌藝而迅速對外傳播、名聞天下。士人與女妓的合作，交響出唐代宏偉動人的詩歌樂曲，震撼千年，迄今不墜。

唐代女妓並非全是拜金主義者，她們之中也有人重情重義，與士人以死生相許，士人與女妓之間，更非全是遊戲人間、露水姻緣，也有士人真愛女妓、至死不渝。在不允許自由愛戀的時代中，唐代士人與女妓的愛情，交織出絢爛豔麗的異樣光彩，深值後人回味，願本書帶給您對於有唐女妓全然不同的認識與感受。

目　次

第二一冊　宋代官府工場及物料與工匠

作者簡介

　　韓桂華，祖籍江蘇宿遷，1957 年生於台北。中國文化大學史學系、所畢業。研究所求學時，有幸得親炙名師，受錢穆、黎東方、楊家駱、蔣復璁、梁家彬、宋晞、程光裕……等先生薰陶，傳道授業之外，渠等身教言教所展現的風範，更是一生受用無窮。其間，並追隨朱重聖、宋晞教授研讀宋史，敦聘為碩士、博士論文指導教授，完成論文。曾任職於古美術品公司，於文物研究略有涉獵。目前任教於中國文化大學史學系，講授史學導論、宋史、中國手工業文明史等課程。

提　要

　　官府工場，實即國營事業，其制雖始自先秦，秦漢以降，歷代迭有廢置，至唐始稍具規模。宋則不僅承唐舊制，更擴而大之，影響所及，遂導吾國國營事業進入發展期，且在社會經濟史上，具極重要之地位。故基於此一旨趣，本文乃廣泛蒐集史料，運用歸納、綜合、分析、比較等史學方法，並輔以圖表，就「論宋代官府工場之組織及其物料、工匠來源」為題探討之。全文共分五章：

第一章「緒論」：旨在說明吾國歷代官府工場概況，並逐漸導入本文主題。

第二章「官府工場之組織及其類別」：凡兩節，除分別就中央、地方，說明宋代官府工場組織、類別及其統隸關係外；並特別強調，此類工場每視地利與需要，經營則愈專，分工則愈細。

第三章「官府工場之物料來源」：凡四節。除說明宋代官府工場物料，如何自貢品、稅物中取得外；並指出收購與自行生產為其最直接而主要之來源。

第四章「官府工場之工匠來源及其待遇」：凡兩節。除指出宋代官府工場工匠，多來自民間、軍中、罪犯，及官府工場相互撥使外；並特別強調其待遇，作有薪資，息有定制，工有獎懲，且多福利措施。

第五章「結論」：除就本文前述各章，作一玄提要總結外；並特別指出，宋代官府工場積極發展結果，必對當時社會經濟有深厚影響。而其影響究竟如何，民間手工業情況又如何，皆待日後繼續研究云。

目　次

第二二冊　北宋薛紹彭研究

作者簡介

　　劉小鈴，中國文化大學史學研究所博士。現任文化大學美術學系專任助理教授，實踐大學博雅學部人文組兼任助理教授。著有《北宋薛紹彭研究》、《盛唐八分書研究》及〈「世言薛與米」論薛紹彭書法〉、〈唐隸風韻——正始

以來論篆隸，唐人畢竟是中興〉、〈開元以來數八分——論唐玄宗的書法藝術與成就〉等論文。

提　要

　　薛紹彭是北宋著名的書法家，南宋高宗將他與蘇東坡、黃庭堅、米芾並列爲北宋書法四大家。他所刻的法帖和收藏的《定武蘭亭》對二王書風的承續有深遠的影響。但事過境遷年代久遠，書法史上對薛紹彭相當陌生，基於這些因素引發筆者對薛紹彭的研究。首先從其生卒年考開始，並探討他的社會地位、家世背景、仕宦之途。第二章探討薛紹彭的《清閟堂帖》，他所刻的《書譜》薛刻本和《唐摹蘭亭帖》對傳統的書法有重要的貢獻。第三章對於薛紹彭的書蹟流傳作一整理，包含新出土的詩刻及著錄上所見的書蹟，並對可疑作品進行檢討。第四章是探討薛氏的收藏概況，對於流傳至今他所收的作品上，例如鍾繇《薦關內侯季直表》、王羲之《遊目帖》、褚遂良《文皇哀冊》，我們依然清晰看得到他的收藏印章，將這些收藏作品作一概略的敘述。第五章探討北宋的二王書學背景，並介紹薛紹彭處於「尚意鼎盛」二王沒落的時代，仍然堅守遵循二王脈絡，同時討論蘇東坡、黃庭堅、米芾與他交往的情形，並敘述歷代後人對他的評價。第六章就以上各章作一客觀的結論，對於這位崇尚二王書風的書家，元人危素評論他「超越唐人獨得二王筆意者，莫紹彭若也」這正是他一生最好的寫照。

目　次

第二三冊　浙江書院之研究

作者簡介

　　呂仁偉，台灣花蓮人，1982 年畢業於國立台灣師範大學歷史研究所。畢業後從事教職，任職於各技職院校，曾任通識中心主任。教授科目以「中國近代史」、「台灣史」、「台灣傳統民俗」等通識課程為主。

提　要

　　浙江自唐宋以來，逐漸成爲中國經濟及文化之中心，其文風之盛與人才之多，和江蘇省並居全國之冠。尤其理學發達，大儒輩出，浙東史學派且爲中國史學之重心。造成浙江人文薈萃的原因固有多端，然書院所扮演的角色應屬其中最重要的一環。

　　作者嘗試由卷帙浩繁的浙江方志（通志、府志、縣志）及歷代文集中去搜羅有關各書院的創建、修建及山長的基本史料，從而去探索浙江書院起源與發展的社會因素，同時考察書院實際運作的過程，而後再從政治、社會、文化的角度去尋繹書院興衰的因素及其影響。

　　本書的內容首先在探討浙江書院自宋代至清代的發展趨勢及性質變遷，包含質與量的演變過程。其次分析書院的內部結構特色，涵蓋其行政組織、師長、院生等層面，繼而闡述書院在教學、考課、訓導等方面的功能。最後則析論書院對浙江地區的學術、教育、社會發展所帶來的影響。

　　由本書的討論可發現，浙江書院在學術上成爲傳播理學的重要媒介，理學大儒各依書院宣揚其學說，多樣性的內容，活潑化了浙江的學術文化。在教育上，書院刺激了官學內容，促使浙江高等教育趨於普遍化，實際掌握民間教育大權，負擔起實際的教育功能。在社會層面上，書院教育所提倡的道德教育，改善了社會風氣，替當時的社會注入了愛國、正義、守法的情操。

目　次

第二四、二五冊　明代的告示榜文—訊息傳播與社會互動

作者簡介

　　連啓元，臺灣臺北人，中國文化大學史學研究所博士，現為國立臺灣藝術大學通識教育中心兼任助理教授，研究領域為文化史、社會生活史、明清史，目前著重於文化史研究，涵蓋社會生活與法律文化層面。發表著作有：〈反獄動亂下的歷史書寫：明正統末年廣東黃蕭養事件研究〉、〈明代司獄形象及其社會地位的探討〉、〈文徵明的山居生活意象〉、〈爐煙裊裊：明代文人書齋與焚香雅致〉等十數篇文章。

提　要

　　對於疆域廣大的國家組織而言，訊息的相互交流與傳遞，是維繫整體組織正常運作的重要關鍵。關於傳統社會訊息傳播的探討，多偏重於新聞學者的相關研究，較少從史學的角度深入觀察；即使有之，亦側重於邸報、朝報、塘報等政治與軍事訊息的研究，至於廣泛而全面性質的探討，仍較為少見。本文即利用碑刻、文集、檔案等大量史料，試融合傳播學的概念，以性質廣泛的官方告示榜文為研究主體，期能深入探討明代社會的訊息交流與傳遞情形。

　　本文的研究架構，是以官方告示榜文傳播為研究主軸，探討明代告示榜文

的整體沿革與建置，以及朝廷發佈行政命令的來源。當官方行政命令或禁約等訊息發佈之後，地方基層百姓是否適應新政令的推行，若有所疑義或質疑時，會透過何種管道、形式反應出來，藉以瞭解官府與民眾之間的互動情形。論述主要是從告示榜文的來源對象、製作形式、刊布地點、作用類型、功能評議等角度，深入探討明代告示榜文的運作情形，藉以瞭解官方令政傳遞的差異性與特殊性，以及如何從各處地點相互連結，形成傳遞訊息的全國性網絡。最後再討論告示榜文對維護禮教綱常、社會秩序、突發事變等問題的處理，論述官方的法律效力與涵蓋範圍，以及行政命令發佈時可能遭遇的阻礙，探討政令傳播實際運作的成效性，與傳播效率的影響差異。

目　次

第二六冊　西學與儒學的交融：晚明士紳熊人霖《地緯》中的世界地理書寫

作者簡介

洪健榮，1971 年生於臺灣省臺南市，籍貫澎湖縣。私立輔仁大學大學歷史學系學士、國立清華大學歷史研究所碩士、國立臺灣師範大學歷史學系博士。曾任國立僑生大學先修班、國立臺灣師範大學歷史學系、私立明志科技大學通識教育中心、國立中央大學歷史研究所、國立臺北科技大學通識教育中心及私立輔仁大學歷史學系兼任教師，現職國立故宮博物院圖書文獻處助理研究員。主要研究領域為臺灣社會文化史、臺灣方志學及近代西學東漸史，已發表相關論文約三十餘篇，代表著作《清代臺灣社會的風水習俗》，另曾主編《五股志》、《延平鄉志》、《新屋鄉志》等書。

提　要

明末入華耶穌會士利瑪竇、艾儒略等人為了因應宣教事業的需要，向中國知識界傳播相對新穎的西方地理知識，逐漸導引傳統地理學邁向別開生面的格局，也為這時期的學術發展綻放異彩。本書主要透過《地緯》（1624 年成書、1638 年初版）中世界地理知識的書寫內涵，來理解晚明士紳熊人霖（1604-1666）如何將西學新知與傳統舊識相互參證，建構出一立足於中國天下觀與儒學本位觀的世界地理圖像。

本書除了第一章緒論與第七章結論之外，第二章至第六章依序從《地緯》之著述背景及其資料來源、西方地理新知的呈現、傳統宇宙論與自然觀、傳統天下意識、儒者經世理念等五個層面，探索熊人霖世界地理書寫的價值取

向及其思維方式，連帶呈現十七世紀前期中國士人吸納和轉化西方地理新知的可能與方式。

　　整體而言，《地緯》的書寫，主要接收了艾儒略《職方外紀》載錄西方地圓說、氣候五帶、南北極赤道與經緯度劃分以及五大洲、世界海域等觀念，兼採明代相關域外、海外四裔傳述的資料。在他闡明立基於地圓之上的五大洲地理新知之際，也將之納入傳統天地人合一、陰陽五行思維乃至皇明一統天下意識中，終究歸結於儒者內聖外王、經世致用的懷抱。

　　在明清之際西學東漸史上，熊人霖《地緯》不啻以中國傳統地理學的觀念架構，吸收與了解西學新知的一部重要作品，反映出寓傳統於創新，從傳統的延續過程中汲新求變的學術史意涵。筆者認為，該書的內文結構和思維理路所呈現的風貌，堪為西方地理知識「中國化」的典型。西方地理知識的「中國化」顯示在中西方地理知識體系之間，經由耶穌會士與究心西學的中國士人彼此的反省與努力下，共同搭起一道可資溝通的橋樑，易為吸收及轉化的媒介或管道。《地緯》作為極早的一部由晚明士紳撰述的世界地理專著，著實提供了難能可貴的歷史例證。

目　次

第二七冊　明代的江海聯防──長江江海交會水域防衛的建構與備禦

作者簡介

　　林爲楷，臺灣苗栗人，1972 年出生。中國文化大學史學研究所碩士、博士。曾任教於經國管理暨健康學院、景文科技大學、新生醫護管理專科學校、佛光大學，目前任教於宜蘭大學。

提　要

　　明代南直隸地區的江海聯防，是一個相當特殊的國家防禦體系，不但與長江的江防體制有著緊密的關係，也與明代七大海防區之中的南直隸海防區有關。江海聯防即是結合江防與海防兩大國家防衛體系，以達到長江江海交會水域軍事防衛的目的。然而明代對於如此一個防衛體系，國家檔案卻並未有一明確的正式紀錄。本書由江防、海防與江海聯防的關係入手，藉由對南直隸長江江海交會地區軍事險要據點、江海聯防職官的設置與其職掌、江海聯防的佈防，以及江海聯防的運作幾方面的認知與瞭解，希望能夠對於明代此一特殊而複雜的國家防衛體制，有更爲清晰且深入的認識。

目　次

第二八、二九冊　清初翰苑體制與翰林流品

作者簡介

宋秉仁，國立政治大學歷史系學士（1987）、歷史研究所碩士（1992），國立台灣師範大學歷史系博士（2001）。研究領域以清代文化史、清代政治史、清代制度史為主，現任國立台灣師範大學國際與僑教學院人文社會學科助理教授。

提　要

本書研究斷限為清初順治、康熙、雍正、乾隆四朝，以翰林院制度及人員為重心。首章詳論官制更迭，另且一併論述詹事府，以顯現翰林官制之完整。首章二節陞轉之制乃與第五仕途一章遙相呼應，正見詞臣出身者，其宦途之可能經歷，又舉多項實例以為證明。職掌一章論述翰林實際從事職務，有其特殊與重要之處。考試一章專論與翰林有關各項考試之制，翰林雖為科舉層層篩選，脫穎而出，仍有其特殊考績之處，允為精英中之精英。典禮一章專論國之大典與翰林密切相關者，是即講筵體制與身後易名。仕途一章，自庶吉士散館，分別留館、改官為始，逐項發掘翰苑出身者未來仕途經歷之

各種可能，清楚可見翰林仕途遷轉之跡，益見翰林官僚格局與仕途全面性。官常一章專論翰林名號稱謂、欽定行止儀注、官場人際關係與翰林讀書立品特徵，皆須以讀書爲立品之本，非惟紙上談兵而已，亦爲其官僚格局之一面。末章論翰林名位，有其榮顯之處，亦爲清廷統治之一種穩定力量。書後所附「則例」三種，在台向所未見，特赴北京抄回。又附表九種，俱明翰林職掌遷轉，更爲國家股肱棟梁。

目　次

第三十冊　哥老會的起源及其發展

作者簡介

　　徐安琨，1959 年 1 月 15 日出生於台北市。1979 年至 1997 年間就讀於國立政治大學歷史學系，其間分別取得學士、碩士與博士學位。1992 年任教於國立屏東科技大學通識教育中心，迄至目前，現職副教授。對中國底層社會群眾有濃厚興趣。

提　要

　　哥老會的起源，自始於如同謎樣般困惑著世人，主要在於太平軍亂後，湘軍裁撤，造成湘軍中大量哥老會成員流蕩於長江下游。適時，與大運河淤塞不通而致遣撤的漕運水手相遇，使得其中的青幫、洪幫份子和哥老會彼此滲透、混淆不清。本文主要就哥老會的初起來探討，跳脫出過去常以發展中

的情形，一窺其源的弊端——到果為因，以期發掘出真實的起因。並就其在近代發展過程中所扮演的角色，加以分析，明瞭其全貌。

目　次

第三一冊　變革的新取徑：晚清學會運動——江蘇省區域性探究（1895～1911）

作者簡介

何思眯：國立政治大學史學博士，曾任國史館協修，現任國立編譯館編審，國立中央大學歷史研究所兼任副教授。主要研究領域：中國近現代史、文化史、教育史等。重要著作：《臺北縣眷村調查研究》、《抗戰時期的專賣事業（1941～1945）》、《抗戰時期的專賣史料》、《抗戰時期美國援華史料》、〈近代中國捲煙工業之發展〉、〈抗戰後期的火柴工業與專賣之實施（1941～

1945）〉、〈近代中國火柴工業之發展（1860～1937）〉、〈戰後新加坡華文教育初探（1946～1980）〉等。

提　要

　　本書以江蘇省作爲區域研究，期籍此以探討晚清學會運動的組織結構與變遷，並略窺晚清學會運動發展之一隅。全書主要內容除敘述晚清學會發展之社會文化內涵與興辦目的，並分別論述清光緒二十一年（1895）至至宣統三年（1911）期間上海和江蘇省各地學會發展概況。綜觀江蘇省各地學會發展，上海地區學會初期以啓蒙和改良社會風俗習慣者爲較多，呈現溫和之社會改革傾向，後期之學會發展除屬學術藝文方面之學會外，則以立憲、拒外方面之學會爲其發特色；江蘇省其他地區學會發展，前期較爲保守，傾向傳統，著重於中體西用，後期則呼應立憲運動，以教育會和地方自治會爲主。晚清學會雖是傳統學社與現代社團之間的一個過渡，發展時間亦不長，但是它們的宣傳與各項活動卻與當時社會文化思潮結合，促成中國學術性會社組織的現代化，並孕育民國時期五四運動思潮之契機。

目　次

第三二冊　北京政府外交部組織與人事之研究
（1912～1928）

作者簡介

張齊顯，台灣省嘉義縣人，東海大學歷史系畢業，國立中興大學歷史研究所碩士，目前就讀於中國文化大學史學研究所博士班。現任教於南開科技大學、亞洲大學、中華大學、朝陽科技大學、僑光科技大學等校；並曾參與南投縣文化局委任南開科大通識中心辦理「南投縣傳統聚落調查報告」主持人工作，撰寫「竹山鎮」、「埔里鎮」兩鎮報告；著有〈中國「職業外交家的崛起與確立——北京政府外交部人事之研究」〉、〈北京政府外交部對廣州政府外交部之影響〉等文。

提　要

北洋軍閥統治時期，中國內戰不斷，國際地位低落，列強對中國的影響極為深遠。在此時期，北京政府外交部建立一個極具現代化的部會組織，崛起一批「職業外交官」，不管在部會運作及在國際舞台上與各列強交涉，都有相當傑出的表現。使中國在國家混亂、國事衰微之時，並沒有進一步喪失權力，反而能收回部分國家主權。本文透過現代行政組織學理論對北京政府外交部的建立過程、組織結構加以檢驗，並對北京外交部人事的籍貫、教育背景、辦理外交上表現加以分析，發現北京政府外交部是一個相當具有現代化且專業化的部會組織，且在人事上與清末外務部人事具有相當的延續關係，並於統一之後，深深的影響著南京國民政府外交部。也就是說，北京政府外交部不僅為外交部會現代化奠立基礎，也是中國「職業外交官」崛起與確立的一個時期；此外，鑑於過去學者們在對北京外交部人事的整理上，在部內人員方面，至多整理至司長層級，並且在地方交涉員方面，甚少有人處理，使得在研究北京政府外交部的人事上，產生不少的不便，筆者便以「政府公報」及「外交公報」為主，加以職員錄、傳記、回憶錄及其它二手資料

為輔，將整個外交部人事加以重新爬梳整理。在外交部部內方面，整理至科長層級；並對駐外使領及地方交涉員重新整理，而將之置於附錄當中，以期對往後從事研究北京政府外交上能有所貢獻。

目　次

第三三冊　司馬遷的歷史哲學

作者簡介

    劉國平，福建省連江縣（馬祖）人，1959 年生，馬祖高中畢業，曾就讀

台北工專土木科。預官役畢，即從事北迴鐵路拓寬工程，後考取鐵路特考及電信特考。1984 年進中華電信，之後半工半讀，歷中興大學歷史系（夜間部）、中文系（主科二十學分）、逢甲大學中研所，最後畢業於臺灣師大國文所博士班。2001 年取得文學博士學位，次年離開服務十七年之中華電信，進入大葉大學通識教育中心。目前為該校空間設計系專任助理教授。著有《華人社會與文化》（文化思想篇）及〈史傳文學的理論建構〉、〈孔門三英與聖人之淚〉、〈「有教無類」是「現象表述」而非孔子「教育理想」說〉、〈子路冉有公西華侍坐章新析〉、〈論襄公二十九年吳子使札來聘〉、〈老子無死地解〉及〈中國傳統醫家的醫德考察〉等論文十餘篇。

提　要

本論文係以歷史哲學之觀點，闡發司馬遷《史記》一書之內容。全文凡分八章：首章緒論，界介歷史哲學的意義並略述西方歷史哲學的發展、派別與歷史哲學如何可能，次及本論文之研究動機、方法、原則與研究範圍等。次章從歷史的人、事方面論述司馬遷的歷史廣度與深度並探討司馬遷撰史敘事的詳略原則及其著史所受到主、客觀方面之限制。三章敘述司馬遷以黃帝為第一個進入中國歷史的人物，其中所顯示的歷史理念或基本義例，並探討他著史的方法意識與客觀意識。四章探討司馬遷撰寫《史記》的史料來源，對史料如何加以考證、批判等，最後論及司馬遷的歷史選擇的標準。五章論述司馬遷解說歷史的方法、歷史假設與歷史想像之運用、對歷史偶然之看法以及其筆下的歷史教訓。六章首先回顧前人探究司馬遷所究天人之際的成果，並指出其中的偏失，進而提出探究司馬遷天人思想，必須從〈天官書〉切入之理由，並以其時代與家庭為背景分析其思想所以轉變分歧之故，最後指出對立的天人思想何以在《史記》中能並立之理由，以及司馬遷如何擺脫天人思想的糾纏，而以落實人生於盡人事之處如何可能作為結論。七章探析司馬遷所通的古今之變：先瞭解司馬遷通古今之變的目的與方法，而後指出其所通古今之變的內容及人們於歷史中所知之常與如何應變之道。八章結論指出司馬遷歷史哲學的意義與價值，間及其歷史哲學之地位與影響。

目　次

第三四冊　《資治通鑑》的史觀——以北魏爲例（261～534）

作者簡介

愚姓王名念西，陝西省韓城人氏。中華民國四十四年生於臺灣省屏東市。五十六年，畢業於臺南縣善化鎮善化國民學校，五十九年畢業於臺北市立木柵初級中學，六十三年畢業於臺北市大誠高級中學，六十六年自金門退伍，七十二年畢業於中國文化大學中國文學系（夜間部），八十五年畢業於同校史學研究所，獲碩士學位，由王吉林老師指導，題目爲〈《資治通鑑》的史觀——以北魏爲例（西元 261～534）〉，目前擔任於基隆市崇右技術學院專任講師。

提　要

《資治通鑑》爲編年體史書的再興，溫公立志編一部系統性、扼要性的編年體通史——《資治通鑑》以專取國家興衰，維繫生民休戚，善可爲法，惡可爲戒者，作爲君主治國施政的借鏡。

全書共分六章：

第一章　緒論包括研究動機、研究方向與方法、前人研究成果。

第二章　《資治通鑑》的修成背景及其過程：（一）南北分裂的再現意義爲北宋、遼、西夏爲鼎足而三的分裂局面。（二）宋初經筵、史館的設立的意

義爲宋太祖、太宗兄弟目睹五代十國的巨變，探其原因，目的在戒鑑宋期，勿蹈覆轍。（三）司馬光、劉恕、劉攽、范祖禹的修定其意義爲《資治通鑑》是司馬光、劉恕、劉攽、范祖禹等人合力完成。

　　第三章　《資治通鑑》對比北魏的述評大要爲：（一）北魏的起源與南遷的意義爲拓跋力微三十九年（西元 258 年）率部自匈奴故地遷至盛樂。東晉康帝咸康六年七月，代王拓跋什翼鍵徒都雲中。（二）北魏立都於平城意義爲東晉太武帝太元十一年（西元 386 年）拓跋珪即代王位，改元登國。東晉安帝隆安三年，遷都平城，立社稷。（三）北魏統一黃河流域意義爲北魏太武帝神年神　四年（西元 431 年），北魏平夏；北魏太武帝太延二年北魏平北燕；太延五年，北魏平北涼。（四）北魏孝文帝的南遷及具悲劇意義爲北魏道武帝天興元年七月（西元 402 年），遷都平城。孝文帝即位以後，重新整理胡漢交錯文化型態，影響層次最大同時也是阻力最大的改革，就是南遷洛陽。

　　第四章　《資治通鑑》對北魏衰亂原因的述評：北魏由盛而衰的分水嶺是孝文帝朝，溫公以「馬政不彰」一事，點出原因。馬政不彰表示戰力衰退，溫公的深意在此。溫公點出「佞佛」、「宗室與外戚」、「權臣」是北魏的三大亂源，但是「馬政不振」卻有畫龍點睛之妙。

　　第五章　《資治通鑑》的大一統史觀：北魏與東晉、劉宋、蕭齊、蕭梁互相抗衡，不論北南，皆未統一。建康政權空想「當復舊境」，但是北魏只能「自認黃帝子孫」。因此「正統」是後人的認定，當世者只能空言而已。

　　第六章　結論：溫公深知要教皇帝做堯或舜，絕對不能正面做文章，即「以史儆君」，修《資治通鑑》，將戰國至五代的興衰，條列史實，加入論評，文筆流暢，使得易於接受，所以，此書能爲「皇帝教科書」絕非過譽。

目　次

章學誠史學思想探微

作者簡介

　　楊志遠，1965 年生於臺灣高雄，東海大學歷史系所學士、碩士，中正大學歷史所博士，現任教於吳鳳技術學院通識中心專任副教授。幼承庭訓，性好文史，及其漸長，始知學海無涯，於是歸返史學，並經業師呂士朋、杜維運先生指導完成碩士論文《章實齋史學思想之研究》，其後入伍服役於海軍陸戰隊。退役後，師事中正雷家驥先生攻讀史學史專業，以《中國近代史學觀

念的演變──關於儒化、進化、實證化史學的分析》取得博士學位。近年學術研究多集中在史學史與學術思想史方面,已發表學術論文:〈章學誠的史論及其影響〉、〈蘭克的史學及其影響〉、〈儒家思想觀照下的中國近代史學觀念〉、〈中國近代史學中的歷史進化史學觀念〉、〈實錄抑或擬真──唐代史家劉知幾對於史學求真的理解與認知〉等十餘篇論文。

提 要

本書的主要目的,在於探討清代學者章學誠(1738-1801)的史學思想及其影響。作者欲藉章氏現有文獻中有關文史觀念的說明與分析,來疏理章氏史學中的諸多問題,並對章氏史學思想中所隱含的現代史學因素做出解釋。

本書共分為六章,除「緒論」與「結論」外,其餘各章安排如下:第二章「章氏論道」;第三章「六經皆史」;第四章「經世致用」;第五章「章氏史學思想的影響」。「道」是章氏史學思想本體的部分,「六經皆史」為章氏史學思想的客觀認知,「經世致用」則為章氏史學思想之實踐。另增附錄三篇,分別為:〈章學誠論道〉、〈章學誠的方志理論〉、〈章學誠與浙東學派〉,可做為本書的修正與補充。

章氏之道,非一孤立的存在,必須藉「道器合一」的觀點來解釋。章氏「六經皆史」的本意,非僅是「史料」之謂,而是具有「史意」能夠「經世」的史,也無「尊史抑經」的意思,卻與儒家「內聖外王」傳統,有著剪不斷的糾結。章氏「史德」的主張,有著極高的價值,不但要求史家個人的修養,更要求史家在面對史實時應有的客觀認知。章氏史學思想在當代未能引起時代共鳴,和章氏所處的時代氛圍有關;其次是學術的流傳有限。

然而百餘年後,其人與思想,又再度成為聚焦的「顯學」,做為傳統史學思想的總結者,章學誠所代表的意義,絕非偶然,其史學思想中的諸多「命題」,則因具有經典意味的開放性因素而存在。

目 次

第三五冊　中國近代史學觀念的演變——關於儒化、進化、實證化史學的分析

作者簡介

　　楊志遠，1965 年生於臺灣高雄，東海大學歷史系所學士、碩士，中正大學歷史所博士，現任教於吳鳳技術學院通識中心專任副教授。幼承庭訓，性好文史，及其漸長，始知學海無涯，於是歸返史學，並經業師呂士朋、杜維運先生指導完成碩士論文《章實齋史學思想之研究》，其後入伍服役於海軍陸戰隊。退役後，師事中正雷家驥先生攻讀史學史專業，以《中國近代史學觀

念的演變——關於儒化、進化、實證化史學的分析》取得博士學位。近年學術研究多集中在史學史與學術思想史方面，已發表學術論文：〈章學誠的史論及其影響〉、〈蘭克的史學及其影響〉、〈儒家思想觀照下的中國近代史學觀念〉、〈中國近代史學中的歷史進化史學觀念〉、〈實錄抑或擬眞——唐代史家劉知幾對於史學求眞的理解與認知〉等十餘篇論文。

提 要

　　中國近百年來史學的發展，經歷了一個從否定到肯定的過程，然而促成此一發展的重要因子，即是史學觀念的演變。構成「史學觀念」的要項有：歷史意識、歷史知識、歷史解釋，三者間有著極爲複雜的網絡。因此在中國近代史學觀念中，延伸出三個頗具代表的類型：儒化史觀、進化史觀、實證化史觀，以此三類型做爲代表，並不表示中國近代史學觀念中，只能抽離與分析出這三者。無疑的，這是一種「理念型」的呈現。

　　本文在章節的安排上，共分五章：第一章爲「緒論」，分四個小節，分別爲研究動機，問題意識的形成，文獻回顧與方法以及研究的理論架構與預期成果。第二章「儒化史觀的形成與演變」，首先「儒化史觀」做爲傳統史學觀念的一種代表，主要表現在「變易」史學觀和「義理化」史學觀上，變易史觀則可顯現中國傳統史學對時間變化的理解；義理化史觀所具有的倫理化傾向，是中國傳統史學的特徵之一，這兩種史觀在中國近代史學演進中佔有一席之地，近代諸多史家均隱含了這兩類史學觀念。第三章「進化史觀的引進與影響」，這無疑是受到近代西方「進化論」學說的影響所產生的史學。在「進化」的概念中隱含了「進步」的價值觀，歷史的進程是指向美麗的未來，這和傳統「變易論」中往復循環的美好古代形成強烈對比，可是不論「過去」與「未來」都指向無限的時間，兩種皆線性化的思考，究竟誰是進步／退步呢？第四章「實證化史觀的興起與發揚」，是針對科學化史學觀念的反應，中國近代史學對「科學」的迷戀，演生出對史學實證化的追求，「新考據史學」研究團隊的形成，和視歷史爲科學的「馬克思史學」，均陷於科學至上論的泥淖中。第五章則爲「結論」。另有附錄三篇，分別爲：〈晚清公羊學者的歷史解釋〉、〈德國歷史主義的發展及其對中國近代史學的影響〉、〈蘭克的史學及其影響〉，可作爲本書的修正與補充。

　　整體而言，本書撰寫所關懷的重點，仍是史學如何從傳統過渡到現代其

間的流變，透過「史學觀念」建立起解釋的理論架構，來說明中國近代史學是否為新的可能性。

目　次

卜辭所見殷商家族制度研究

彭妮絲　著

作者簡介

彭妮絲，輔仁大學中文研究所碩士、國立台中教育大學語文教育研究學博士。現任環球技術學院通識教育中心副教授／華語教學中心副教授、國立台中教育大學語文教育學系兼任副教授。研究領域為語文教育、華語文教學、兒童文學。主要著作包括〈不同華文讀本閱讀理解研究〉（2010）、〈生命關懷視域中之語文教學研究〉（2009）、〈技職應用寫作教材、教學暨課程芻議〉（2009）、〈圖說／言說與視覺想像〉（2008）等論文。

提　　要

　　本文旨在以卜辭為主，繼輔文材料、考古成果，用以研究殷商之家族。全文計分六章，撮述如下：第一章「緒論」：旨在確立研究之材料、方向，並對氏族、宗族、家族下一界定。第二章「殷商家族之構成」：旨在說明此期家族構成之形式與限制；並透過親屬稱謂制度之範疇分析來看殷商家族的內部結構。第三章「殷商家族之禮儀」：旨在就卜辭所及之婚姻、產子、喪葬，此三種禮儀論述；並探討殷商崇祖祭祀禮儀之本質與目的。第四章「殷商家族之政經基礎」旨在探討婦、子所擁有的政經資源，及其與父家長之間的權力互動。第五章「殷商家族之承襲」：旨在透過世系表與商王在位年數來探討殷商家族之繼嗣方式。第六章綜結卜辭所見殷商家族制度之要點，概括如下：

　　1. 殷商之婚姻形態為一夫一妻制兼行一夫多妻之外婚制。

　　2. 殷商家族成員之關係呈現尊長賤卑之態勢。

　　3. 商人家族之禮儀涵括婚姻、生與死三事。

　　4. 每一分支家族，同時也是一個獨立的政治經濟實體，自有其農、牧及田獵收入，在其家族內亦可發號施令。

　　5. 殷商家族之承襲包含財產繼承與首領地位繼承此二範疇。

　　所謂「殷因於夏禮，所損益可知也。周因於殷禮，所損益可知也，其或繼周者，雖百世可知也。」文化之發展乃層累而上，周人禮制之臻於完善當其來有自。

目

次

第一章 緒 論

第一節 研究目的與範圍

一、研究目的

　　家庭爲人類社會的基本元素，對於講究家族主義之中國社會更是一個重要的單位，是以有社會學家稱中國社會爲「家族社會」。〔註1〕想要對古代社會的面貌及演變有一眞切認識，對於當時家族形態與功能就必須予以深度之關注。

　　廣義的來說，中國家族史之關切於古籍中已見端倪，如先秦時期之《易・序卦傳》、〔註2〕《商君書・開塞》、〔註3〕《呂氏春秋・恃君》〔註4〕等，所載雖屬片段，但已粗略提到婚姻與家庭起源的問題。又自先秦時期起，已見文獻記載當時家庭結構、親屬稱謂、繼承制、家庭與社會國家之關係等等，如《禮記・喪服小記》、《大傳》、《儀禮・喪服傳》、《爾雅・釋親》〔註5〕等……，

〔註1〕 參看高達觀，《中國家族社會之演變》，臺一版（台北：九思出版社，民國67年3月）。

〔註2〕 如：「有萬物然後有男女，有男女然後有夫婦，有夫婦然後有父子。」

〔註3〕 如：「天地開而民生之，當此之時，民知其母而不知其父。」

〔註4〕 如：「其民聚生群處，知母不知父，無親戚兄弟夫婦男女之別。」

〔註5〕 如：《禮記・喪服小記》：「別子爲祖，繼別爲宗，繼禰者爲小宗。有五世而遷之宗，其繼高祖者也。……親親尊尊長長，男女有別，人道之大者也。」
　　　　《禮記・大傳》：「禮，不王不禘。王者禘其祖之所自出，以其祖配之。諸侯及其大祖，大夫士有大事，省於其君，干祫，及其高祖。」

爲先秦時期提供較眞實完整之資料。漢代以降，除若干書籍延續《爾雅》的風格，對親屬稱謂有另一番新的詮釋外，〔註6〕於家庭結構方面並無較重要的著作。其次，截至目前爲止，夏朝因文獻不足而難徵，考古學所能證實的最早朝代爲商朝，就中國家族制度此一範疇而言，這一時期直可謂爲奠定期；其對於後世家族社會的影響主要有兩方面：

（一）此一階段之貴族家族組織通常是以父家長權爲核心，而形成宗族關係，宗族間以維繫家族組織與家族秩序爲目的之祖先崇拜，幾近模式地，長期保存於後世社會統治階層之家族中。

（二）此一時期，「家」、「國」概念重疊，家族觀念不僅影響當時的政治思想與倫理思想之發展，並成爲後世傳統家族主義的思想根源，始終制約著中國社會思想文化的發展。〔註7〕

祖先崇拜與家國的觀念始終是中國深層思維的一部分，尤其後者，這可從中外對於國家概念之不同處看出，如西文「國家」之義涵，或表示地域性，或表示民族性；反觀中文之「國家」，其涵括「國」和「家」這兩個概念，是地域、民族和家族的總合，〔註8〕這也正是家族觀念影響政治之明白體現。是以殷商家族制度此一範疇之研究，除可明確中國家族制度之歷史淵源外，更可從側面對殷商之社會形態有一深層的瞭解。

孔子云：「夏禮，吾能言之，杞不足徵也。殷禮，吾能言之，宋不足徵也。文獻不足故也。足，則吾能徵之矣。」〔註9〕此段話雖然是針對禮制因革損益而言，同時亦指出於研究上古社會時可能遇到之難題——受限於材料。典籍文獻中記載的殷商社會，其所反映出者可能是當時的實際情況，也可能是某種理想，這理想或許有其背景或淵源，然而由此來探討殷商社會，難免會有隔一層之憾。其次，許多學者主張透過考古所得之材料來探討史前

《儀禮·喪服》：「父爲長子。傳曰：何以三年也？正體於上，又乃將所傳重也。庶子不得爲長子三年，不繼祖也。」

《爾雅·釋親》：「父爲考，母爲妣。父之考爲王父，父之妣爲王母。王父之考爲曾祖王父，王父之妣爲曾祖王母。……」

〔註6〕如《方言》、《廣雅》、《釋名》等。

〔註7〕參見朱鳳瀚，《商周家族型態研究》，第一版（天津：天津古籍出版社，民國79年8月），頁3。

〔註8〕參見金觀濤、劉青峰，《興盛與危機》，初版（台北：風雲時代出版，民國78年11月），頁51～52。

〔註9〕見《論語·八佾》。

的社會組織，這種方法顯然有其局限性，如婚姻形態之類問題就很難就考古材料來決定。﹝註10﹞河南安陽小屯殷墟出土的甲骨文為研究殷商歷史之第一手資料，殷墟卜辭是商代後期二百七十三年間，十二位帝王（或王室）貞問神主之記錄，其中錄有祭祀、田獵、收穫、氣象、戰爭，以至於君主自身與其家屬之祥災疾病、生育等……透過卜辭得以保留部分商朝的文化。然而正由於卜辭是王室的檔案，其內容只是王室卜問的記錄而已，其所呈現出者或僅是王室貴族之生活形態，而忽略了一般的大眾，是以透過卜辭來觀察殷商之社會歷史，顯然有其限度。本文以卜辭所見殷商家族制度進行研究，目的即在透過卜辭來掌握當時的實際情況，至於文獻材料、考古成果，則居於輔助之地位，僅供參考。惟限於學力，未遑深入剖析，難窺堂奧，掛一漏萬，在所難免，僅力圖描繪殷商之家族社會，聊申管見，俾求對此時期之社會有一認識。

二、研究範圍

　　小屯出土之卜辭，初期的學者已確定其時代為殷商，尚未認為其為王卜辭；一九一〇年羅振玉作〈殷商貞卜文字考〉，始判斷小屯卜辭為殷代的王卜辭，爾後或多以為殷墟卜辭全為王卜辭，直到一九三八年日本貝塚茂樹提出「非王卜辭」之說，其於〈論殷代金文中所見圖象文字﹞一文中指出，所謂「子卜貞卜辭」不是王卜辭；自此，殷墟卜辭除王卜辭外又有非王卜辭之說。陳夢家雖無揭示「非王卜辭」之稱，但亦認為：「午組所祭的人物很特別，子組所記的內容也與它組不同。子組卜人繇和巡（或與婦巡是一人）很像是婦人，該組的字體也是纖細的。第十五次發掘出土的（乙八六九一～九〇五二）字體近子、𠂤、午組的，內容多述婦人之事，可能是嬪妃所作。這些卜人不一定皆是卜官，時王自卜，大卜以外很可能有王室貴官之參與卜事的。」﹝註11﹞李學勤之〈帝乙時代的非王卜辭〉進一步指出非王卜辭的特徵：「（一）問疑者不是商王。（二）沒有王卜，卜辭中也不提到王。（三）沒有商先王名號而有另一套先祖名號。（四）沒有符合於商王系的親屬稱謂系統而有另一

﹝註10﹞　參見汪寧生，〈仰韶文化葬俗和社會組織的研究〉，《文物》，371（民國76年4月）：36。

﹝註11﹞　見陳夢家，《殷墟卜辭綜述》，初版（北京：科學出版社，民國45年7月），頁167。

套親屬稱謂系統。」〔註12〕林澐於〈從武丁時代的幾種「子卜辭」試論商代的家庭形態〉中認爲這些非王卜辭的占卜主體是「子」，子是父權「家族的首腦們通用的尊稱」。〔註13〕王卜辭與非王卜辭此二系統架構出殷商之家族社會，茲述於後，作爲本文論述之基礎。

（一）王卜辭

陳夢家云：「賓組似乎是王室正統的卜辭；自組卜人也常和時王並卜，所以也是王室的，而其內容稍異。」〔註14〕李學勤認爲殷墟王卜辭主要可分爲賓組、自組、出組、何組、黃組、歷組與無名組。〔註15〕黃天樹則將殷墟王卜辭分爲 A、B 兩系，再參照李氏之分組，共分爲二十類。〔註16〕「王卜辭」之範圍與內容，爲王室主幹家族之記錄，一般較無異義；今僅就武丁卜辭之主流——賓組卜辭略述之，〔註17〕其例如：

庚午卜：燾雨于岳？	合集一二八五五
丁丑卜，貞：屮疾？	合集五四八三
壬午卜，貞：多子獲鹿？	乙五四八三
貞：婦好屮取不？	合集二六三四
癸巳卜，夬貞：屮白豕于妣癸不？	合集二四九六

賓組卜辭之稱謂多限於及王位的父祖母妣，〔註18〕故爲正統之王室卜辭。

（二）非王卜辭

「非王卜辭」之說，雖有人以爲值得商榷，〔註19〕本文從多數學者意見，

〔註12〕見李學勤，〈帝乙時代的非王卜辭〉，《考古學報》1957 年第一期，頁 68。

〔註13〕散見林澐，〈從武丁時代的幾種「子卜辭」試論商代的家族形態〉，錄於《古文字》第一輯，第一版（北京：中華書局，民國 67 年 8 月），頁 314～336。

〔註14〕賓組、午組、子組和自組爲武丁時代的四組卜人。此四組卜人，賓組和午組約略同時，子組和自組屬於武丁晚期。同註 11，頁 167、174。

〔註15〕見李學勤，〈小屯南地甲骨與甲骨分期〉，《文物》1981 年第五期，頁 28。

〔註16〕黃天樹，《殷墟王卜辭的分類與段代》，初版（台北：文津，民國 80 年 11 月），頁 12。

〔註17〕見方述鑫，《殷墟卜辭斷代研究》，頁 167。

〔註18〕同註 11，頁 158。

〔註19〕見李瑾，〈卜辭前辭語序省變形式統計——兼評「非王卜辭」說〉，《重慶師院學報》1982 年第一期；又〈卜辭「王婦」名稱所反映之殷代構辭分析——再評「非王卜辭」說〉，《重慶師院學報》1983 年第一、二期；又〈論「非王卜辭」與中國古代社會之差異——三評「非王卜辭」說〉，《華中師院學報》1984

仍沿用此名。非王卜辭之時代，由其大量地與武丁時的王卜辭同坑出現，少量地與武丁以後的王卜辭同坑的情況看來，當屬武丁時期之卜辭。〔註 20〕至於非王卜辭之分類，李學勤將之分爲五種：婦女卜辭、子卜辭、與子卜辭有關的一些卜辭（刀、亞卜辭）、邡卜辭（午卜辭）。〔註 21〕林澐則將子卜辭、婦女卜辭、多子族卜辭命名爲之分爲甲種子卜辭、乙種子卜辭、丙種子卜辭。〔註 22〕彭裕商則有如下幾種分類：非王無名組卜辭、午組卜辭、子組卜辭、附屬於子組的兩類卜辭、刀卜辭和亞卜辭。〔註 23〕綜合各家之說，本文於王卜辭以外之卜辭，子組卜辭、婦女卜辭、刀組和亞組卜辭、午組卜辭四類分述之。

1. 子組卜辭

子卜辭中的子，歷來有不同的看法；子組卜辭者如：

> 丁亥子卜，貞：我丘田鷈？己丑子卜，貞：余有呼出墉？己丑子卜，
> 貞：子商呼出墉？子刢呼出墉？子丁呼□？　　綴三三〇
> 己亥子卜，貞：我又呼出叩：　　　　　　　　合集二一五八三
> 丙戌子卜，貞：丁不茲我？　　　　　　　　　合集二一七二七
> 丙子子卜：朕☒　　　　　　　　　　　　　　合集二一六五八

所用余、我、朕，顯然是以商王的口氣進行占卜，且第一條卜辭所及之子商、子刢、子丁均爲王子，其身分可由卜問時與「余」并列看出。故「子」者，不僅是與商王同姓之族長，亦可能是武丁之親兄弟或從兄弟；〔註 24〕易言之，「子」當爲王子之尊稱，如下三例：

> 癸亥卜，貞：子有往來，惟若？　　　　　　　京津三〇二三
> 己𢁑卜，☒來自正☒子。　　　　　　　　　合集二一七三五
> □申卜，𧫢貞：子不因？　　　　　　　　　合集二一六〇九

此三條卜辭所言之「子」亦指王子，是貞人代王卜問王子的情形。

年第六期。方述鑫，《殷墟卜辭斷代研究》，初版（台北：文津，民國 81 年 7月）。
〔註 20〕方述鑫則據此以爲是武丁時代的王室卜辭。見《殷墟卜辭斷代研究》，頁 15。
〔註 21〕同註 12。
〔註 22〕同註 13。
〔註 23〕見彭裕商，〈非王卜辭〉，錄於《古文字研究》第十三輯，第一版（北京：中華書局，民國 81 年 1 月），頁 57。
〔註 24〕參見註 11，頁 63。

2. 婦女卜辭

李學勤以爲婦女卜辭「所卜問均爲有關婦女的事項，這表明問疑者是一個婦女。她的親屬系統不合於商王系，所以她不是商王的后妃或直系親屬。」〔註25〕這類卜辭，目前所知之婦名有：婦妌、婦妁、婦婆、婦姣、婦周、婦嬛；〔註26〕所記事多與婦女相關，甚而所記載之祀典亦大多爲女性，如：

己巳貞：婦婆允無禍。	合集二二二五九
甲子卜，貞：婦周不征？甲戌貞：亡疾……周疾征？	
	合集二二二六五
癸丑卜：婦妌……在老？	合集二二二四六
□丑卜：婦姍不禍？	合集二二二六六
貞：妌無禍？	合集二二二六一
癸卯貞：用艮宰妣庚？	合集二二一三○
于來□用矢中母？	合集二二一三三
啓又彳妣庚牲？	合集二二二四九

其中婦婆、婦周又見於賓組卜辭，如：

婆□益	合集一一一九
己卯卜，婆貞：令多子族從犬侯璞周，叶王事？五月。	
	合集六八一二

賓組卜辭中有關婦女之貞卜則未必是婦女卜辭；其次，王室卜辭亦常見貞問有子、卜娩等事，可見占卜主體亦未必是婦女。〔註27〕

3. 刀組和亞組卜辭

刀卜辭和亞卜辭，這兩類卜辭數量較少，亦較爲複雜。此類卜辭多貞問「有事」；其特徵爲省去干支，〔註28〕如：

刀卜，七月□	
于來乙？	甲三一五三
今八月有事？	甲三○三二

〔註25〕同註12，頁46。
〔註26〕同註12，頁45。
〔註27〕「婦女卜辭」名稱之不妥，參見註15，頁80～85。
〔註28〕同註12。

今八月亡事？ 　　　　　　　　　　　　甲二九八八

刀，今八月乙有事？

亞，在多乙有？ 　　　　　　　　　　　　合六七

于九月有事？ 　　　　　　　　　　　　甲三〇九四

戊午卜，今九月有事？

于十月有事？ 　　　　　　　　　　　　甲三一二九

刀卜，庚亡事？ 　　　　　　　　　　　　甲三〇八五

4. 午組卜辭

午組卜辭字體和稱謂自成一系，其形式如：

癸未卜，午于祖庚羊豕艮 　　　　　　　乙四五一一

癸酉卜，午內乙牢 　　　　　　　　　　乙七五一二

甲寅卜，午石甲牢用 　　　　　　　　　前八·八·四

甲午卜兌，禦于妣至妣辛？

甲午卜兌，禦于內乙至父辛，牛一？

甲午卜，禦于內乙？ 　　　　　　　　　合三〇五

陳夢家認為，其貞人有午、兌兩位。〔註29〕李學勤則認為這組卜辭的貞人僅有「兌」一位。〔註30〕林澐則認為午是祭名「祤」的省體，而《合》三〇五所言「禦某至某」則有合祭之義，不能確定為人名。〔註31〕日本前川捷三亦懷疑午和兌不是貞人，至於為何只把干支卜下的禦字寫成午的原因則不詳。〔註32〕方述鑫亦認為午為祤之省，且午和兌皆為祭名。〔註33〕其內容如：

壬子卜，貞：又其歸婦亡大吉？ 　　　合集二二〇六七

庚戌卜，貞：余令陟從羌田亡禍？ 　　合集二二〇四三

戊午卜，貞：婦石力？十三月。 　　　合集二二〇九九

庚辰卜，賓貞：朕𢇐于鬥？ 　　　　　乙七一一九

戊戌卜，虫歲父戊，用牛于官不？ 　　合集二二〇四五

〔註29〕同註11，頁162。

〔註30〕同註12，頁63。

〔註31〕同註13，頁334。

〔註32〕見（日）前川捷三，〈關于午組卜辭的考察〉，錄於《古文字研究》第八輯，第一版（北京：中華書局，民國72年2月），頁194。

〔註33〕同註20，頁85～89。

貞：冉力告不？貞：子妾不？　　　　　　合集二二○六七

除「石力」此稱謂較特殊外，其內容亦不外乎祭祀、告事與記事。

　　姑且不論非王卜辭之稱謂是否適當。此二系統（王卜辭、非王卜辭）間之運作所透顯出者正是後文所論及之「家族──房」樣態。殷商家族之研究主要著眼於如下幾個面象：殷商家族之嗣系制度和祖先崇拜的觀念，此二者從卜辭中可以看出逐漸增強的趨勢，纏繞成一條直線的關係；而統治者以族的宗親結構與政治結構相配合，影響所及，此一階段之社會形態與經濟生活亦隨之脈動。本文以甲骨卜辭爲中心，併參照典籍及既有之甲骨學與考古之研究成果。首章側重殷商社會形態之所屬，以啓研究之端；其次論及親屬之組織結構、家族之禮儀、及其政經基礎、嗣系制度等不同側面。

第二節　殷商之社會形態

　　中國的社會結構自來有「家」有「族」。家通常是指近親血緣團體；至於族所涵括之意義則較爲豐富，有家族、氏族和宗族，此三者所囊括之範圍不盡相同，而其組成分子亦有親疏遠近之別。就殷商社會而言，家族雖然已進入父權制階段，但由於去父系氏族社會未遠，是以仍與氏族有所聯繫；又由於親屬結構之趨於繁複，於是有宗族此一形態出現，家族與宗族就其內部支配者與被支配者之關係而言，本質又是相近的。由是殷商之社會形態爲何？遂有許多不同的看法。早期或有「殷爲母系社會」、「殷爲游獵時代」、「殷爲石器時代末期」、「殷爲金石並用時代」之說，以目前所發現的考古資料來看，上述諸說已不合實情。舉墓葬爲例，山東大汶口墓地共發現一百三十三座墓，有八座合葬墓，經過鑑定的四座墓皆爲男女成年合葬墓，〔註34〕考古發現的夫妻合葬墓是確認父權制的重要標誌，此種現象不但標識出以父系血源爲紐帶外，還有夫妻關係；〔註35〕其次，據甲骨卜辭統計，商王祭祀共用人牲一萬四千人，人殉反映了人與人之間的不平等，是父權家長制出現後的

〔註34〕關於大汶口文化成年男女合葬墓的性質問題，有兩種不同的意見：其一認爲是夫妻合葬，其二則認爲是主人和奴隸的關係，是殺殉的產物。從女子屍體完整的現象看來，這些被殉的婦女顯然是男子的妻或妾。參見宋兆麟、黎家芳、杜耀西合著，《中國原始社會史》，第一版（北京：文物出版社，民國72年3月），頁317～322。

〔註35〕惟商代無論是貴族或平民的墓，至今尚未發現有夫妻合葬的情形。參見王仲殊，〈中國古代墓葬概說〉，《考古》1981年五期，頁450。

產物；〔註36〕誠然殷商爲一父系社會組織，當無可置疑。

　　陳夢家透過對「族」的理解，認爲殷商社會可分爲四個層面：

　　　　血緣關係構成「族」。卜辭有王族、多子族、三族、五族等。根據書
　　　　籍上所記的周初殷民，可推知「族」可以分爲四層：（1）姓族（同
　　　　爲子姓），（2）氏族（同一個民，祭於宗廟），（3）宗族（祭於祖廟），
　　　　（4）家族（祭於禰廟）。〔註37〕

氏族、宗族與家族都是基於血源關係結合而成的「集團」。氏族與宗族二者
存有以氏繫族，以族立宗的聯繫；惟氏族演變到後來血緣關係漸趨淡薄。宗
族和家族則均出自氏族，兩者之區別在於：家族過著共同生產及消費的經濟
生活，沒有明顯的等級結構，而宗族卻分族立宗，階級分明。氏族和家族的
區別在於：家族強調雙方性，包括父母雙方的親屬，氏族卻是單方的，僅以
父系或母系爲主導。以下僅就氏族、宗族、家族，此三種樣態加以探討。

一、氏　族

（一）典籍所載之氏族形式

　　氏，甲骨文作ㄔ（前七・三九・二）、ㄥ（後二、二一、六）、ㄥ（粹二
二一）、ㄥ（乙五一三）。《說文》云：「巴蜀名山岸脅之自旁箸欲落墮者曰氏」
此以方言殊語說解，後人也有表示異議。郭沫若就古文字形及古代器物以證
氏爲匙之古文，以爲其用爲姓氏字者爲假借。卜辭中有「姼氏」（後下二一、
六）文，姼爲諸婦之一，則氏當爲姓氏字；〔註38〕又《甲》三二三○卜辭云：
「□其氏屮取？」氏字語意未明。至若典籍論氏者，如《白虎通・論氏》：

　　　　所以有氏者何？所以貴功德，賤伎力，或氏其官，或氏其事，聞其
　　　　氏即可知其德，所以勉人爲善也。或氏王父字者，所以別諸侯之後，
　　　　爲興滅國繼絕世也。王者之子稱王子，王者之孫稱王孫。諸侯之子
　　　　稱公子，公子之子稱公孫。公孫之子，各以其王父字爲氏。

知「氏」有彰顯功德之義，爲身分的表徵，故宗法制度嚴密的周代遂有「言

〔註36〕參見張之桓，《中國考古學通論》，第一版（南京：南京大學出版，民國80年
　　　　12月），頁198。

〔註37〕同註11，頁643。

〔註38〕參見李孝定，《甲骨文字集釋》，再版（台北：中研院史語所，民國59年10
　　　　月），頁3727～3728。

夫人必以其氏姓，言夫人而不以姓氏，非夫人也」〔註39〕之說。又《左傳·隱公八年》曰：

> 天子建德，因生以賜姓，胙之土而命之氏，諸侯以字爲諡因以爲族，官有世功則有官族，邑亦如之。

《左傳·隱公八年》正義云：

> 姓者，生也，以此爲祖，令之相生，雖下及百世而此姓不改。族者，屬也，與其子孫相連屬也，其旁支別屬，則各自立氏。

許愼《五經異義》云：

> 姓者所以統繫百世，使不別也，氏者所以別子孫之所出，故世本之篇言姓則在上，言氏則在下也。

鄭樵《通志·氏族序》云：

> 三代之前，姓氏分而爲二，男子稱氏，婦人稱姓，氏所以別貴賤，貴者有氏，賤者有名無氏，……姓可呼爲民，氏不可呼爲姓，故有同姓、異姓、庶姓之別。氏同姓不同者，婚姻可通，姓同氏不同者，婚姻不可通。三代之後，姓氏合而爲一，皆所以別婚姻而以地望名貴賤。

漢許愼對於姓、氏、族有較明確之界定：「姓者，統於上者也；氏者，別於下者也。」〔註40〕所謂統別者，亦即支、幹之別，源、流之異。是姓爲根源，氏爲支流，合氏以爲族。然而自戰國以下，姓氏遂合而無別，《左傳·隱公八年》正義云：「氏、族一也，所從言之異也。釋例曰：別而稱之謂之氏，合而言之則曰族。」顧炎武亦云：「氏、族對文爲別，散則通。」〔註41〕同實異名的結果使得氏的概念趨於模糊。

　　族，《說文》釋：「矢鏠也，束之族族也，從㫃從矢。㫃所以標眾，眾矢之所集。」「族」字由卜辭內容看，多與軍事行動有關，是殷人軍旅，爲軍事組織名稱。族字甲骨文作🦅（鐵十四、二）、🦅（鐵九三、一）、🦅（後下二六、一六）、🦅（後下四二、六）。旗所以標眾，矢所以殺敵，旌旗則是他們的象徵，顯然是指一群人共同作戰，這一群人便是「族」。丁山云：「箭者，矢也。

〔註39〕見《穀梁傳·僖公八年》。
〔註40〕見《說文解字》十二篇下。
〔註41〕見顧炎武，《日知錄卷集釋》卷二十三，六版（台北：世界書局，民國70年4月），頁527。

族字從矢，當然又與部落稱箭的涵誼相同。有是四旗十箭的故事印證，我認
爲族制的來源，不僅是自家族演來，還是氏族社會軍旅組織的遺蹟。」〔註42〕
又典籍中對族作較具體釋者見諸《白虎通義・宗族》，其云：

> 族者何也？族者，湊也，聚也，謂恩愛相流湊也。……生相親愛，
> 死相哀痛，有會聚之道，故謂之族。

依其所論認爲基於血緣關係結合之社會團體爲族。《周禮・地官・大司徒》
有族墳墓一俗，鄭玄注云：「族猶類也。同宗者，生相近，死相迫。」生時
聚居，死時亦然，族墳墓這類公共墓地是族人在另一世界之住宅，其用意莫
非是要死人同生人般聚族而居。此處所釋族之意義，不僅單指聚集，而且恩
愛至於生死，所指顯然爲親屬組織，正與丁山所言族制自家族演來之說吻
合。卜辭中的族所以演變爲軍事組織，當與其族人又身兼戰士的身分有關。
《史記・周本紀》云：「維天建殷，其登名民三百六十夫，不顯亦不賓滅，
以至今。我未定天保，何暇寐。」名民三百六十夫亦即爲殷商三百六十位有
名的氏族長，這些氏族未被繫潰正是周武王不能安枕的原因，可見殷商的氏
族制度至其滅亡時仍保存者。典籍記載殷商之氏族組織，如《左傳・定公四
年》說得很具體：

> ……分魯公以大路大旂，夏后氏之璜，封父之繁弱，殷民六族：條
> 氏、徐氏、蕭氏、索氏、長勺氏、尾勺氏，使率其宗氏，輯其分族，
> 將其類醜，以法則周公，用即命於周。……分康叔以大路、少帛、
> 綪茷、旃旌、大呂，殷民七族：陶氏、施氏、繁氏、錡氏、樊氏、
> 飢氏、終葵氏。……

典籍所謂的王族乃指中軍而言，皆關乎軍旅之事，如《左傳・襄公二十六年》
所云：「吾乃四萃於其王族，必大敗之。」又《國語・楚語上》云：「楚師可
料也，在中軍王族而已。」誠如典籍，卜辭所見的族，亦大率關乎軍旅之事，
是爲武器活動的單位：王族和多子孫並爲殷商軍隊之主力。其中「王族」，是
屬於王一支的氏族，卜辭有關王族之記載，如：

　　壬子卜爭貞：雀弗其呼王族來？雀其呼王族來？

　　　　　　　　　　　　　　　　　　　　合集六九四六

　　王族其敦人方邑舊，左右其𤔲　　　　屯南二○六四

〔註42〕見丁山，《甲骨文所見氏族及其制度》，初版（台北：大通書局，民國 60 年 12
　　　　月），頁 33。

己亥貞：令王族追召方及于……　　　　　　　合集三三○一七

「多子族」則是商王子或其兄弟行的家族所組成的多個氏族。〔註 43〕卜辭可見多子族與王族並稱，兩者關係之密切亦可想見，如：

丁酉卜：王族爰多子族立於召？　　　　　　明續二二四

多子族外還有三族、五族等，如：

叀多生鄉──叀多子□　　　　　　　　　　甲三八○

令三族從沚或代土方　　　　　　　　　　　甲九四八

三族王其令追召方及于衵　　　　　　　　　京津四三八七

于丁令馬──叀族令──眔令三族──叀三族令

　　　　　　　　　　　　　　　　　　　　寧滬一・五○六

五族戍弗雉王眾　　　　　　　　　　　　　鄴三・三九・一○

王其令五族戍卣　　　　　　　　　　　　　粹一一四九

王叀夙令五族伐羌　　　　　　　　　　　　後下四二・六

五族，其雉王眾？戍苀，弗雉王眾？戍㳄，弗雉王眾？戍冎，弗雉王眾？戍逐，弗雉王眾？戍何，弗雉王眾？　　　鄴三下・三八・二

此亦即爲王卜辭中所提到的「多生」，是與商人有婚姻關係的異姓家族，〔註 44〕特別是《甲》三八○中多生與多子對卜，足見其重要性。末條卜辭亦即言五個子族分別戍守於苀、㳄、冎、逐、何五處，「雉義爲夷傷。五族戍而卜其是否夷傷王眾，可知這五族都是商的族氏。」〔註 45〕由是王族、多子族、三族、五族等，自上而下，組成以氏族紐帶爲中心的殷商社會。所謂「惟殷先人，有冊有典」〔註 46〕以及「商有亂政而作湯刑」〔註 47〕的殷商社會，不該還是氏族社會，至於殷之先妣皆特祭、帝王稱「毓」、氏族組織在軍事方面的影響等……，當看作母系社會之殘餘。〔註 48〕總的來說，此時期的「族」爲軍事組織的成分較大，已非單純的氏族組織。

〔註 43〕同註 23，頁 77。

〔註 44〕同註 23，頁 77～78。

〔註 45〕見李學勤，《殷代地理簡論》，初版（台北：木鐸出版社，民國 71 年 4 月），頁 77。

〔註 46〕見《尚書・多士》。

〔註 47〕見《左傳・昭公六年》。

〔註 48〕參見徐喜辰，〈商殷奴隸制特徵的探討〉，《東北師範大學》科學集刊 1956 年第一期，頁 22。

（二）墓地形式所反映之氏族樣態

不同形式的墓葬反映出不同的文化；墓葬內之隨葬物，在一定的程度上呈現出當時的社會文化水平。試以殷墟西區墓葬爲例。一九六九年到一九七七年間，殷墟西區共發現一千零四座殷代墓葬，這批墓排列有一定規律，據其分布情況，可分爲八個墓區，此八區各有不同形式的墓和隨葬品，不同墓區的同期墓葬之間，於其隨葬物方面有些差異，有些墓區的隨葬品以銅器爲主，有些則多見陶器；有些墓區大墓較多，有些則僅見中小型的墓葬。八個墓區中有七個墓區有銅器出土，出土之四十三件銅器上均有銘文，共分爲九種。據郭沫若考證，銘文是氏族的名號，是圖騰的孑遺或變體，〔註49〕九種不同的銘文亦即代表九個氏族。一般而言，一個墓區以一種銘文爲主，少數銘文見於兩個墓區中，不同墓區所以出現兩種不同的銘文，足見族與族之間的互動。這些不同的族各埋在其所屬之公共墓地中，可能就是《周禮》所說的「族墳墓」，族墳墓聚族而葬，每一區即代表一個族。族墓地中又有家庭墓地，這可由墓區中的墓呈現成群分布的特點看出。〔註50〕

隨著社會的發展，氏族首領與其附從者或把持經濟資源，無可避免地出現貧富差別和階級分化的現象；然而，從三里河的龍山文化墓葬，排列凌亂，反映出氏族血緣紐帶的鬆弛；〔註51〕又二里頭三、四期的殷商墓葬，同一氏族除少數當權貴族之墓葬規模較大外，此外之貴族、平民，其墓室之大小與隨葬品之多少，相差並不懸殊；殷墟西區墓葬也有同樣的現象：除商王外，其餘的人不分等級高下、財富多寡，均葬在族墓地；地方之貴族或諸侯，於其管轄內也有單獨的墓地，其餘人亦葬於族墓地。這種墓地反映出氏族社會向家族發展的過渡現象。

二、宗　族

（一）典籍所載之宗族形式

《說文》云：「宗，尊祖廟也。」甲骨文「宗」字作👁（前一、四五、五）、

〔註49〕參見郭沫若，《金文叢考・釋共》，（北京：人民出版社，民國43年）。

〔註50〕參見楊錫璋，〈商代的墓地制度〉，《考古》1983年十期，頁174～181。中國社科院考古研究所編著，《新中國的考古發現和研究》，第一版（北京：文物出版社，民國73年5月），頁234～235。

〔註51〕參見張之恒，《中國新石器時代文化》，第一版（南京：南京大學出版社，民國77年10月），頁155。

介（前四、一六、二）、介（乙七六六）、介（拾十四、十一），從门、從示。
卜辭所見之「宗」字，除少數有尊敬之意外，多指祭祀場所而言，如：

　　　癸卯卜，疛貞：井方于唐宗彘。　　　　　　　　後上八・五

　　　雨中祖乙宗？　　　　　　　　　　　　　　　甲三六四二

　　　于祖丁宗，王受□　　　　　　　　　　　　　南明五八五

　　　丁卯卜：其酒，求于父丁宗。　　　　　　　　粹五二七

　　　甲戌卜，貞：武祖乙宗丁其牢絲用。　　　　　前一・一〇・三

「于祖丁宗」、「求於父丁宗」明白指出「宗」為祭祀場所。段玉裁注宗字云：
「凡言大宗、小宗，皆謂同所出之兄弟所尊也，尊莫尊於祖廟，故謂之宗廟。」
是知同宗亦有同所出之意。故宗為供奉神主之廟，後來之宗族概念當是從祖
先崇拜的觀念演變而來，義指有共同祖廟的親族而言，即如班固所論：

　　　宗者，尊也，為先祖主也，宗人之所尊也。禮曰：宗人將有事，族
　　　人皆待。古者所以必有宗，何也？所以長和睦也，大宗能率小宗，
　　　小宗能率群弟，通其有無，所以紀理族人者也。〔註52〕

典籍中提到宗族者，尚有如下數例；《左傳・僖公二十四年》云：

　　　召穆公思周德之不類，故糾合宗族於成周而作詩。

《論語・子路》：

　　　……宗族稱孝焉，鄉黨稱弟焉。

然而對「宗族」均未作進一步之解釋，其作較具體闡釋者，當推《爾雅・釋
親》為最早，《釋親》備載架構宗族之主要成員，顯然是以父系祖先之單系繼
嗣系統為標準；易言之，父系氏族制度為宗族之必要條件。宗族成員繁複後，
遂有宗法制度產生，宗法制度之源於殷商，丁山已論及：「宗法之起，不始於
周公制禮，蓋興於宗廟制度。殷之宗廟，以子能繼父者為大宗，身死而子不
能繼位者，雖長於昆弟，亦降為小宗與禮家所傳『繼別為宗，繼禰者為小宗』
適得其反。凡禮家所謂繼別、繼禰，則近於周人之大宗為祖，小宗為禰。是
後儒相傳之宗法，即周宗昭穆之演變。」〔註53〕

　　　至於宗族組織之規模，朱鳳瀚認應該作多層次的理解：「其一，為姓族以
下的親屬組織，有明確的父系先祖與譜系；其二，在組織結構上具有多級性，

〔註52〕見《白虎通義・宗族》卷八。
〔註53〕見丁山，〈宗法考源〉，《中研院史語所集刊》第四本第四分（民國23年）：45。

由主體家族與若干分支家族組成。分支家族仍可再有更小的分支。」〔註 54〕
由是看來,「宗族」相當於人類學所謂的「世系群」,世系群之主要特徵如下:
〔註55〕

1. 出自同一祖先,有單系的繼嗣系統。

2. 有共同的世俗權利與宗教儀式。

3. 共財;財富並在此世系群內承繼。

4. 其內成員與其他團體成員之權利與義務有時雖會重疊,基本上仍有差別。

5. 世系群可因系譜關係的深度而大小不同。

6. 大世系群內可包括多個小型世系群。

7. 兼含現有的和已故的成員。

宗族與氏族的區別,Freednan 主張以公有財產的有無來分辨,亦即「一個單系繼嗣群成員之間不論其親緣關係如何,假如他們擁有共同的財產,此一單系繼承群應是一個宗族,反之,假如他們沒有共同財產者,即是一個氏族。」〔註 56〕所以在儀式上必須有共同的祭祖活動,在經濟上必須有共同的財產,如此方足以構成宗族。MortonFried 則有不同的看法,其認為世系關係之確定為區分氏族與宗族的標準,「宗族是傳自一共同確認的祖先,其系譜間的關係是可以清楚的追溯出來的;相對的,氏族是基於契約的關係,繼嗣群的成員之間大部份無法清楚地追溯他們的系譜關係,它只是一種基於同姓的基礎所組成的團體。」〔註 57〕氏族與宗族二者之糾結為中國古代社會的一種特殊結構;張光直在闡述侯盧外所言在上與在下列(貴族與奴隸)這兩種氏族紐帶結成的一種密切關係時即云:「用這個特殊性和其它的文明作比較就可以看出:中國文明時代的親族制度和國家的統一關係就是古代的宗法制度。」〔註58〕故就中國古代社會而言,宗法制度又意味著親屬制度與政權的聯繫。

〔註54〕同註 7,頁 17。

〔註55〕參見芮逸夫主編,《雲五社會科學大辭典‧人類學分冊》「世系群」條,三版(台北:商務,民國 70 年 7 月),頁 111～112。

〔註56〕見李亦園,〈中國家族及其儀式——若干觀念的檢討〉,錄於《中國人的心理》,初版(台北:桂冠圖書,民國 77 年 3 月),頁 17。

〔註57〕同前註,頁 58。

〔註58〕侯外盧云:「氏族遺制保存在文明社會裏,兩種氏族紐帶約束著私有制的發展。不但土地是國有形態。在上的氏族貴族掌握著城市,在下的氏族奴隸住在農村。兩種氏族紐帶結成一種密切的關係都不容易和土地連結。這樣形成

總而言之，出自同一祖先之單系繼嗣系統，有共同財產與儀式，成員間有權利義務之互動關係者，是為宗族。宗族是建築在父系氏族制度上，是以就殷商社會而言，王族即是「大宗」，多子族即為「小宗」，此所謂的大小宗當然有別於周代的宗法制度；王族所組成的主體家族和多子族等組成的分支家族，兩者間之從屬關係構成殷商的宗族結構。

（二）墓地形式所反映之宗族樣態

楊錫璋在《商代的墓地制度》中以為：殷墟西北岡地勢稍高，是商代的王陵區，此區又可分為東西兩區，西區有八個大墓，東區有一個大墓，共九個大墓，恰好從武丁到帝辛正是九個王。中級墓是平民的族墓地，分布在殷墟西區，此中所發現的一千多座殷墓又可分為八個區，其中較大的墓均聚集於一處。低級墓屬於奴隸墓，未被殉葬的奴隸也自有墓地（但沒有葬坑），小屯西地、大司空村及苗圃北地的灰層中所發現的一些人骨架，亦即為奴隸，這些人沒有葬坑、墓具和隨葬品。〔註59〕殷商墓地所映出之等級關係為：

大型墓主，在商都城者當為王；商都以外者當為方國首領。

中型墓主，中型墓主為王室貴族。

小型墓主是正在分化的階層，多為平民。

非正常埋葬者則為戰俘或奴隸。〔註60〕

就墓葬形式來看，商王於其直接統轄之處，有其單獨之墓地和特有的墓葬形式及葬儀，其餘的人不分等級高下、財富多寡，均葬在族墓地；相類地，貴族或地方諸侯於其管轄內，亦有單獨之墓地，其餘人亦葬於族墓地；至於奴隸則沒有葬坑。此種墓地制度所反映出者是「宗法奴隸社會中的階級、等級關係和血緣親屬關係。宗法制度是由血緣關係發展起來的，統治者用這種關係為自己的政權服務，因而必然採用政權和族權合一的統治形式。」〔註61〕政權和族權合一的統治形式藉由宗法制度來實現，宗法制度之階級、等級特

了城市和農村特殊的統一。」見《中國古代社會史論》（香港：三聯書局，民國68年），頁30。所引張光直文見《考古學專題六講》，初版（台北：稻香出版社，民國77年9月），頁12。

〔註59〕見段振美，《殷墟考古史》，第一版（鄭州市：中周古籍出版社，民國80年8月），頁255～260。

〔註60〕同註36，頁197。

〔註61〕同註59，頁260。

性則可從墓葬形式中投射出。

三、家族之形態與涵義

　　家，《說文》云：「居也，從宀豭省聲。」卜辭有⬚字，作宀下有⬚，唐蘭以爲「象牡豕形」、「牡豕爲豭」，故⬚當爲豭之本字。又《說文》之⬚字，訓豕也，讀若瑕，即豭之古文，則「卜辭家作⬚，象⬚在⬚中。以象意字聲化之例推之，當讀⬚聲，其但作豕形者，可謂⬚省聲，⬚即古豭字也。」〔註62〕此爲豭省聲之由來。至於其形，在甲金文中有從豭從豕兩種寫法，甲金文將豭省爲豕是字形的省變。〔註63〕家之訓爲「居也」，段玉裁云：「此篆本義乃豕之居也，引申假借以爲人之居，……豢豕之生子最多，故人居聚處借用其字……」又吳大澂認爲家本是陳豕以祭之場所，庶士庶人無廟，遂祭於寢，由是引申家庭之家。〔註64〕羅琨則就歷史進化的觀點，認爲家字是當時文化水平的呈現：

> 家字是一個會意兼形聲字，從宀從豭表示房屋和豬——財富的標誌，由於在農業部落唯有家豬才能象徵財富，所以家從特指家豬的豭。它的涵義是指居住在公共房屋裡、有共同財產的血族團體。這就是家族——打破氏族公有制而產生的一種新的社會機體。〔註65〕

家族乃從氏族分裂而出，每個家族有其獨立之屋舍，爲家族財產之核心。此期於黃河下游地區，豬不僅是家畜而且是財富的象徵；故有屋舍、有共同財產之血緣團體得以構成家。「家」字於甲骨文中多作宗廟講，如：

□鄉父庚、父甲家。	甲二七七九
戊戌□，□鼎：亡□余若茲朕丁家？	甲二三〇七
□午卜貞其屮匚于上甲家□	拾一・七
□保于母辛家⬚酚□止日不漁，六月。	前一・三〇・七
我其祀家乍帝降若	
我勿祀家乍帝降不若	前七・三八・一

〔註62〕見唐蘭，《天壤閣甲骨文存考釋》（北平：輔仁大學，民國28年4月），頁35。
〔註63〕見羅琨，〈釋家〉，錄於《古文字研究》第十七輯，第一版（北京：中華書局，民國78年6月），頁211。
〔註64〕見吳大澂，《說文古籀補》，臺一版（台北：商務，民國57年6月），頁118。
〔註65〕同註63，頁214。

　　辛酉卜，貞：**𣉙**□于父丁家　　　　　　　前一・二六・五

上述「丁家」當是兄丁之家，合上甲家、母辛家、祀家觀之，「家」字無家族之義，倒與祭祀有些關聯，誠如陳夢家所言：「卜辭『某某家』當指先王廟中正室以內。」〔註66〕則家於卜辭中似爲藏主之所；卜辭中有云「我家」、「王家」等用語，如：

　　□戊申亦**𡳿**來，告：牛家□　　　　　　　前七・四・二

　　貞我家舊臣亡𡆥　　　　　　　　　　　　　前四・一五・四

　　令**𢀜**比宋家？　　　　　　　　　　　　　甲二〇八

前者卜問家臣有無災禍，後者卜問令**𢀜**與宋國親好吉否；觀其辭意當非指藏主之所，似乎已有家族的觀念，或更言之已有「家國」之概念，其所指當是家族或宗族。故卜辭所見之「家」字，非必然指宗廟，其所以被借用爲祭祀場所，是因爲「祭祀對象與設祭者有需要強調的或特別親戀的家族血緣關係，可見它借爲宗廟還是從家族這個本義演化出來的。」〔註67〕典籍言及「家」的資料，顯示出家國之意味甚於家族，如《尚書・盤庚》云：

　　……往哉生生，今予將試以汝遷，永建乃家。今我民用蕩析離居，罔有定極，爾謂朕曷震動萬民以遷？肆上帝將復我高祖之德，亂越我家，朕及篤敬，恭承民命，用永地于新邑。

《尚書・微子》：

　　父師、少師，我其發出狂？吾家耄、遜于荒？今爾無指告予，顚隮若之何其？

《尚書・大誥》：

　　王若曰：猷大誥爾多邦，越爾御事，弗弔天降割於我家。

　　家族爲社會制度之產物，家的形態透顯出那是一個怎樣的時代和社會。而其起源，一般古代史家以爲應起源於農業社會，中國農業之起源，見諸典籍者有三說：其一爲神農，《易・繫辭下》云：「神農氏作，斲木爲耜，揉木爲耒，耒耨之利以教天下。」其二爲后稷，《尚書・堯典》云：「后稷播時百穀。」；其次爲垂，《說文解字》耒部云：「古者垂作耒枱，以振民也。」然此三者均屬傳說。以目前考古資料推論，則新石器時代早以農業爲主要生

〔註66〕同註11，頁471。
〔註67〕同註63，頁215～216。

產。〔註68〕其次，或以為家庭組織當建立在婚姻關係上，亦即家的組織和婚姻制度是同時產生的；在摩爾根（L. H. Morgan）的《古代社會》中，家庭與婚姻這兩個概念幾乎重疊，其云：

> ……氏族完全加入胞族，胞族全體加入部落，部落全體加入民族；但家族不能全體加入氏族，因為夫妻必須來自不同的氏族。……因為一切部分都必須加入整體，所以家族不可能是氏族組織的單元。
> 〔註69〕

顯見其所謂的家族乃指男女間之婚姻關係而言，惟其言「家族不可能是氏族組織的單元」，似乎認為在部落、氏族、胞族之外，尚有一名為「家族」的共同體；由是摩爾根以為氏族先於家族。家族與氏族的先後，演進派人類學家以為是後來才產生的，反對派則以為無處無家族，故言「家族是普在的，在任何文化階段都存在；文明程度略高，就往往有氏族組織相偕；到了更高的程度，氏族組織又趨消滅。」〔註70〕從上古墓葬可看出仰韶文化和大汶口文化前期的合葬墓已將同一家族的成員葬入同一墓坑，體現了在母系氏族社會中家族的存在；大汶口文化後期、龍山文化、齊家文化的合葬墓多為兩個成年男女的完整屍體，說明這時期已經有了比較固定的婚姻關係；〔註71〕雖然是時之家族意義不盡同於今日，但家族之為社會單位或早已有之。故就中國古代社會而言，則有在家族之上組成氏族的現象。

　　整體來看，人類學家和社會學家對家族所下的定義，可分為廣義與狹義。廣義的定義明確地指出血緣關係在家族定義中之重要性，但卻未說明其特徵；反之，狹義的定義過於強調其特徵而忽略其所處之歷史背景。謝繼昌在《仰之村的家族組織》中認為氏族、宗族均為家之觀念的延伸，家之內涵是如此地豐富廣袤，故其概念亦極具伸縮性，謝氏並對家族下了多層次之運作性定義，此定義亦即包含廣義與狹義這兩個層面而言；其云低層次家族之定義為「一群有血緣婚姻或收養關係的人所組成的經濟收支獨立且同住於一空間的團體，他們有繼嗣的和傳承的義務和權利。」〔註72〕傾向於家戶的概念；

〔註68〕參見安志敏，《中國新石器時代論集》，第一版（北京：文物出版社，民國71年12月）頁256～257。
〔註69〕見摩爾根，《古代社會》，第一版（北京：商務，民國66年），頁474。
〔註70〕見羅維著、呂叔譯，《初民社會》，初版（上海：商務，民國24年6月），頁175。
〔註71〕同註35，頁449。
〔註72〕見謝繼昌，《仰之村的家族組織》（台北：中研院民族所，民國73年9月），

高層次家族之定義則爲「一個父和（或）母尚存之大家族，原爲一個家戶，後來其內之『雙親家族』（或稱小家族單位）分散出去各自形成獨立家戶，這些分散家戶和本家家戶合起來，就是一個高層次家族──『家戶群家族』。」〔註 73〕亦即把家族分成家戶和家戶群這兩個層面來看待，此相類於陳其南所言「房──家族」之體系：

> 傳統家族制度基本上是建立在「房」觀念的分裂性和「家族」觀念的包容性等兩個彼此衝突但互補的平衡關係上，這兩種相反的傾向決定了漢人家庭生活團體、財產共有團體以及所謂「宗族」團體的大小。〔註74〕

低層次家族定義類似於房的觀念，置於殷商社會乃指多子族；高層次家族定義則近於後者，家族與宗族這兩個概念，相當於商代的王族。本文採納這種多層次的運作定義，而予「家族」如下之界定：有婚姻和親子關係結合在一起、有共同的經濟基礎、彼此間存有權力義務之互動關係、其居住形態非必同處的血緣共同體。至於同居、共財、祖先崇拜等等則爲非必要之輔助因素。

頁 37。

〔註73〕同前註，頁 39～40。

〔註74〕見陳其南，《家族與社會》，初版（台北：聯經，民國 79 年 3 月），頁 202。

第二章　殷商家族之構成

　　婚姻形態決定親屬稱謂制度，親屬稱謂則反映家族內部實際存在的婚姻制度，兩者存有相互投射之屬性；本章即擬從此二範疇切入。由於親屬稱謂往往落後於家族制度之發展，當家庭繼續發展的時候，親屬稱謂制度可能有僵化的趨勢，因此就稱謂推出的婚姻形態和實際存有的婚姻形態之間可能會有些出入，〔註1〕這也是透過親稱來探討殷商之婚姻制度時所面臨的難題。囿於史料，無法作周全的鳥瞰，僅能採分析典型的方式，俾對殷商家族之構成有所認識。

第一節　家族之構成形式──婚姻制度

　　家是基於婚姻關係而構成的社會單位，《詩‧桃夭》：「桃之夭夭，灼灼其華；之子于歸，宜其室家。桃之夭夭，有蕡其實；之子于歸，宜其家室。」又《周禮‧小司徒》：「家，七人。」注：「有夫有婦然後為家」由是知古來室家的觀念早已建構在婚姻上。夫婚禮，天地之大義，萬世之始也，其重要性自不可言喻。至於婚姻制度起於何時？《歷代社會風俗事物考》云：「太昊制為嫁娶，以禮迎聘，於是男女別而夫婦定。」〔註2〕所言雖未定是，然從大汶口文化成年男女合葬情形看來，其起源之早亦可想見。

一、婚姻之手續

　　婚姻之手續亦即指嫁娶的方法，約言之可分為掠奪婚與有償婚。「妻」甲

〔註1〕參見宋兆麟、黎家芳、杜耀西，《中國原始社會史》，頁110。
〔註2〕見尚秉和，《歷代社會風俗事物考》卷二，臺一版（台北：商務印書館，民國55年2月），頁6。

骨文作 🔣（乙一九一六）、🔣（乙三五二一），象以手抓女子的頭髮，將女子強搶爲妻，是上古搶婚風俗在文字上的殘餘。〔註3〕高鴻縉亦以爲「女」字象人跪地，雙手被縛之形，爲古時掠婚之遺跡。〔註4〕《說文》釋婚字：「婦家也，禮娶婦以昏時，婦人陰也，故曰婚。」娶婦以昏時，所取之幽陰義，已經是後起的觀念，疑娶婦以昏時爲上古禮俗；黃昏時日光晦暗，待婦家不備之時，易於掠婚。是以《禮記》有言，嫁女之家三月不熄燭，娶婦之家三月不舉樂，女家或因女子被奪而思相離，男子或恐女方來犯而隱避之。〔註5〕就文字上來說，上古似乎行過掠奪婚，然掠奪婚究竟行於何時？劉師培云：

> 上古婚禮未備，以女子爲一國所共有故民知母不知父，且當時之民，非惟以女子爲一國所共有也，且有掠奪婦女之風。凡戰勝他族必繫累婦女，以備嬪媵。故取女必於異部，而婦女亦與奴婢相同。其始也，盛行一妻多夫之制，及男權日昌，使女子終身事一夫，故一妻多夫之制革，而一夫多妻之制仍屬盛行。伏犧之世，慮劫掠之易於造亂，乃創爲儷皮之禮，定夫婦之道。而女媧亦佐伏羲定婚禮並置女媒，然見儷皮之禮，即買賣婦女之俗也。故視婦女爲財產之一，後世婚姻行納采、納吉、問名、納徵、請期、親迎六禮。納采納吉皆莫奠燕而納徵則用玄纁束帛，所以沿買賣婦女之俗也。而親迎必以昏者，則古代劫掠婦女，必乘婦家之不備，且使之不知爲誰何？故必以昏時。〔註6〕

參照其說，則行掠奪婚當在伏羲氏以前，女媧輔伏羲制定婚禮並置女媒後遂不行。畢竟此二氏均屬神話傳說，據以爲事實稍嫌不妥。尤其遠古母系社會之母權高漲，是否可能有掠婚的情形？值得商榷。一般來說，母系氏族社會相當於舊石器時代後期和新石器時代初期，發展的母系氏族社會相當於發展中的新石器時代，父系氏族社會在考古學上則相當於新石器時代末期，二里頭文化去石器時代已遠，〔註7〕則是夏商時期早以父系爲主，視婦女爲「物」

〔註3〕見陳煒湛，〈甲骨文同義詞研究〉，錄於《古文字學論集》初編，第一版（香港：港大中國文化研究所，民國72年5月），頁132。

〔註4〕參見高鴻縉，《中國字例》上冊，三版（台北：廣文書局，民國53年10月），頁87。

〔註5〕參見陳顧遠，《中國古代婚姻史》，臺一版（台北：商務，民國55年3月），頁79。

〔註6〕見劉師培，〈中國歷史教科書〉，錄於《劉申叔先生遺書》，初版（台北：華世出版社，民國64年4月）：2489。

〔註7〕二里頭文化究竟全是夏文化？抑或前期爲夏文化，後期爲商文化？爲當前爭

的情況或有之。

　　《周易》中屢見「匪寇婚媾」之語，如《屯卦‧六二爻辭》云：「屯如，邅如，乘馬班如：匪寇婚媾。」又《睽卦‧上九爻辭》云：「先張之弧，後說之弧，匪寇婚媾。」梁啓超即據以解釋掠奪婚姻之狀況：

　　　　夫寇與婚媾，截然二事，何至相混？得毋古代婚媾所取之手段與寇
　　　　無大異邪？故聞馬蹄蹳踏，有女啜泣，謂是遇寇，細審乃知其爲婚
　　　　媾也。〔註8〕

匪寇與婚媾爲兩件截然不同的事，不容產生混淆，其所以會有誤解，顯然是二者之手段相近的緣故。當然，據「匪寇婚媾」此類辭彙而持相反意見者亦有之，郭沫若即以爲這顯然是男子出嫁，女子重於男子，爲母系制度之殘存。〔註9〕騎著馬、挾著弓矢而來的男子，驃駻的模樣可能蠻嚇人，是以方會「有女啜泣」，細審方知其目的非爲搶劫，乃爲婚媾，這幕場景實在看不出是「男子出嫁」的跡象、母系制度的殘存。

　　其次，後世所謂「師婚」者，亦即透過戰爭，掠奪女子以爲妻；表面上或異於掠奪婚，細審之，二者之差別僅在於手段有所不同而已。《國語‧晉語一》引史蘇之言曰：

　　　　昔夏傑伐有施，有施人以妹喜女焉，妹喜有寵，於是乎與伊尹比而
　　　　亡夏。殷辛伐有蘇，有蘇人以妲己女焉，妲己有寵，於是乎與膠鬲
　　　　比而亡殷。

殷辛伐有蘇而娶妲己，娶婦之途徑亦即透過征伐；掠奪女子爲妻，雖未必是攻伐之主要目的，其實質卻與掠奪婚並無二致。周世以降，名義上雖不行掠奪婚、不齒師婚，然而此行徑卻屢見不鮮，如《左傳‧桓公六年》齊侯欲以文姜妻鄭太子忽，太子拒之，並言：「無事於齊，吾猶不敢，今以君命奔齊之意，而受室以歸，是以師昏也，民其謂我何？」是恥於師婚；又《左傳‧成公二年》，楚莊王討陳夏氏，欲納夏姬，申公巫臣進諫言：「不可，君招諸侯以討罪也，今納夏姬，貪其色也，貪色爲淫，淫爲大罰。」以討罪納妾爲大

　　　　論之焦點。參見孫淼，《夏商史稿》，第一版（北京：文物出版社，民國 78 年
　　　　12 月），頁 113。
〔註8〕見梁啓超，《中國文化史社會組織篇》，臺七版（台北：中華書局，民國 69 年
　　　　8 月），頁 4。
〔註9〕參見郭沫若，《中國古代社會研究》，錄於《郭沫若全集》歷史編，第一版（北
　　　　京：人民出版社，民國 71 年 9 月），頁 46。

惡；至於《公羊傳・定公四年》吳入楚，吳不稱子，傳云：「反夷狄也。其反夷狄奈何？君舍于君室，大夫舍于大夫室，蓋妻楚王之母也。」則直指師婚爲夷狄之道。

總的來說，掠奪婚姻或許行於上古社會，殷商去上古社會不遠，掠奪婚姻的行徑或有之。但就「匪寇婚媾」、「求婚媾」看來，掠奪婚儀式的成分大於實質，此種儀式仍然殘留於今日某些民族之習俗中，如蒙古人於迎親時大隊人馬前往，其中斜背箭袋者即是新郎。由於現存殷商史料集中在王室，僅能得少許師婚之蛛絲馬跡，至於人數佔大多數之基層大眾，則囿於文獻不足而難徵。

二、婚姻之形式

婚姻的形式通常由對象和人數來決定。婚姻範圍可別爲內婚與外婚；大體上，母系社會以族內婚制爲主，父系社會以族外婚爲主，又內婚制與外婚制中，免不了有些特殊現象。〔註10〕早期學者援引莫爾根氏《古代社會》的說法，推論中國亦經歷過群婚家庭（Consang-uine Family）、彭那魯雅家庭（Punaluan Family）、偶婚家庭（Syndynasmian or Pairing Family）等階段，後期又有一夫一妻、一夫多妻說等……，這些都是因爲對於婚姻人數認定之不同而造成各種家族形態的推論。

（一）婚姻範圍

婚姻範圍所指涉者乃內婚、抑或外婚。殷商究竟何屬？有就武丁妻婦好爲子姓，而認爲商王室同姓通婚。或以爲婦好經常祭祀父乙，疑爲小乙之女，由是婦好即爲武王之妹，兄妹成婚，爲血緣家族兄妹班輩婚之遺俗。〔註11〕兩說不同，但皆主張內婚制。首先來看武丁和婦好是否爲同姓。由《左傳》至《史記》均以爲「商爲子姓」，然而此說已有人提出質疑，郭沫若即認爲商人應爲萬姓，〔註12〕胡小石則認爲商人當是妃姓。〔註13〕又婦好在同期卜辭

〔註10〕參見陳顧遠，《中國婚姻史》，臺一版（台北：商務，民國81年9月），頁20～21。
〔註11〕參見鄭慧生，《上古華夏婦女與婚姻》，第一版（鄭州市：河南人民出版社，民國77年8月），頁190。
〔註12〕參見郭沫若，《甲骨文字研究・釋干支》，第一版（北京：科學出版社，民國51年11月），頁273～276。
〔註13〕參見胡小石，〈讀契札記〉，《江海學刊》1958年第二期，頁45。

中又稱婦子，如：

> 癸巳卜：叀戊御帚子。七月。　　　　　　存一・四〇七
>
> 貞：勿御帚子于☒？　　　　　　　　　　合集二八三七

「好」與「子」顯然有某種關係上的連繫。然而婦好之「好」非子姓的女化字，「子」乃婦好所來處（見後），至於婦好爲何姓則無從得知。〔註14〕故武丁與婦好通婚似不足爲商內婚之依據。

　　就典籍來看，宋爲殷後，而宋國的確有內婚之例，如《公羊傳・僖公二十五年》：「宋三世無大夫，三世內娶也。」解詁曰：

> 內娶大夫女也。言無大夫者，禮不臣妻之父母，國內皆臣無娶道，
>
> 故絕去大夫名，……宋以內娶，故公族以弱，妃黨益彊威權下流，
>
> 政分三門，卒生篡弒，親親出奔，疾其末，故正其本。

又文公七年、文公八年均提及宋「三世無大夫，三世內娶」之事，丁山曾據此懷疑「三世內娶」之風俗是否繼承商王朝的家法？其以爲武丁與其妻婦好正同姓，故「殷商王朝實行『族內婚』，毫無疑問。」〔註15〕此中是否隱含殷道？未嘗無此可能。然而就「外小惡正之」之《春秋》筆法來看，〔註16〕其所以反覆提及，或許有其用心。有從昭穆制論族內婚之遺跡者。《呂氏春秋・諭大》：「商書曰：五世之廟，可以觀怪。」又《禮記・曲禮》：「孫可以爲王父尸，子不可以爲父尸。」鄭玄注云：「以孫與祖昭穆同。」《曾子問》曰：「祭成喪者必有尸，尸必以孫，孫幼則使人抱之，無孫則取於同姓可也。」周人祭祀祖先時，僅有孫有資格代表王父受祭；徐中舒認爲這是部族內婚的痕跡，兩半部族互爲通婚的現象；因爲母系時代父子不同族，進入父系社會後，原始之婚級制仍保存著，是以父子仍不同族而祖孫同族，故孫可以爲王父尸。〔註17〕孫爲王父尸牽涉到昭穆的問題，《禮記・祭統》曰：

> 夫祭有昭穆。昭穆者，所以別父子遠近，長幼親疏之序，而無亂也。

〔註14〕 參見曹定雲，《殷墟婦好墓銘文研究》，初版（台北：文津，民國82年12月），頁83。

〔註15〕 參見丁山，《商周史料考證》，（龍門聯合書局，民國49年）。又見許倬雲，〈關於「商王廟號新考」一文的補充意見〉，《中研院史語所集刊》第十九期（民國54年）：頁86。

〔註16〕 見《春秋公羊傳・僖公二十五年》何休解詁。

〔註17〕 參見徐中舒，《先秦史論稿》，第一版（成都：巴蜀書社出版，民國81年1月），頁70。

是故又事於大廟，則群昭，群穆咸在，而不失其倫，此之謂親疏之
殺也。

別親疏遠近的昭穆制度可用上古圖騰外婚的母系偶族解釋，圖騰外婚之母系
偶族者：一個集團的男子，祇可娶另一個集團的女子，而且婚後所生的子女，
要歸屬於他們母方的集團。〔註 18〕如此一來，孫和祖遂屬於同一圖騰，故孫
可爲王父尸。部族內的兩個集團，這兩個集團細究仍出於同一個血緣，互爲
通婚則是族內婚。這裏就演伸出一個問題：如何界定「內婚」、「外婚」？部
族內婚的婚姻形態若以團的角度來看，此無異於是團外婚。其次，從族葬的
形式來看，殷墟西北岡王陵區中的十二座大墓分東西兩區安置，顯然是左昭
右穆的安排，但就此認定殷商仍存有原始的婚姻形態則頗爲牽強，「可以說昭
穆制淵源於原始亞血族婚制，但商周時代只是利用這種遺制，來區分宗廟陵
寢裏的血緣等級」〔註 19〕周人行昭穆，亦嚴守同姓不婚之規定，同姓不婚是
族外婚的產物，是以昭穆之說不足以解釋商代的婚姻形態。

此外或有據商王廟號在世系表所具有的規律性以推測殷商之婚姻制度
者。張光直即把甲、乙、戊、己歸爲一組，並將丙、丁、壬、癸歸爲一組，
而提出商王室內婚、娶姑父女、王位傳甥的可能性。〔註 20〕劉斌雄假定商王
室是由十天干代表的十婚姻組構成，繼而行成五個父系後嗣群，並分爲兩個
母系半族。〔註 21〕丁驌亦將王室分爲兩個外婚組。〔註 22〕張光直批評云：「劉
先生的分法過於複雜與機械化，在王室這一個小人口群內恐難以實行。丁先
生只照顧了兩組，對每組之內各天干群之間的關係，尤其是異世間的，沒有
交待。」〔註 23〕趙林則認爲殷商實行「母系同姓雙邊交表婚制」，〔註 24〕陳其
南已指陳其材料取捨之繆誤。〔註 25〕眾說立論或許不同，卻都以商行內婚作

〔註 18〕 參見凌純書，〈中國祖廟的起源〉，《中研院民族所集刊》第七期（民國 48 年）：
156。

〔註 19〕 見王貴民，《商周制度考信》，初版（台北：明文書局，民國 78 年 12 月），頁
7～8。

〔註 20〕 散見張光直，〈商王廟號新考〉，錄於《中國青銅時代》，初版（台北：聯經，
民國 72 年 4 月）。

〔註 21〕 散見劉斌雄，〈殷商王室十分組試論〉，《中研院民族所集刊》，19（民國 54 年）。

〔註 22〕 見丁驌，〈論殷王姓諡法〉，《中研院民族所集刊》，19（民國 54 年）。

〔註 23〕 見張光直，《中國青銅時代》，頁 216～218。

〔註 24〕 見趙林，〈商代的雙宗法與交表婚〉，《政大歷史學報》，1（民國 72 年 3 月）：
56。

〔註 25〕 見陳其南，〈中國古代之親屬制度——再論商王廟號的社會結構意義〉，《中研

結。陳其南對這些說法加以反駁，並云：「對於商代婚姻的解釋，我們不能只靠廟號來推測，而忽略親屬稱謂及其他有關的社會行為之旁證。如果這方面的資料不可得，也應正確地考慮人類社會基本親屬結構的可能性。我們不認為中國的親屬制度也是『所有一切原則的例外』。」〔註26〕我們同意陳先生的看法，上述諸種假設與說詞均有可取之處，但本文對於這一些寧可採取保留的態度。

前述所引《晉語》：「殷辛伐有蘇，有蘇以妲己女焉。」又《易・婦妹》：「帝乙歸妹」均為商人外婚的記載。胡厚宣氏云：

> 觀武丁之配，有名帚嬕、帚周、帚楚、帚杞、帚嫒、帚娞、帚龐者，嬕、周、楚、杞、嫒、娞、龐皆其姓，亦即所自來之國族。他辭又或言「取奠女子」奠即鄭，取即娶。此非族外婚何？〔註27〕

「某」之所指，說法很多。胡氏以為婦某之某為女姓，為女子所來之國；陳夢家以為是女名；〔註28〕丁山以為是氏族的省稱；〔註29〕張秉權則以為是采邑或方國之名。〔註30〕首先來看「某」的含義。於諸婦中，如婦周（乙八八九四）乃周侯之女，而周侯為姬姓，故「某」顯然非指姓。其次，婦某多有異代同名的現象，而這「某」又多與當時之采邑和方國吻合。因為古人多以地為氏、以國為氏、以邑為氏，如《潛夫論・志氏姓》：「故或傳本姓，或氏號邑謚，或氏於國，或氏於爵，或氏於官，或氏於字，或氏於事，或氏於志。」由是「某」可能又是氏名，又是國名，是以容易產生誤解。婦女稱姓不稱氏，國號與氏名雖同字，其內容與實質卻不盡相同，直指婦某之「某」為氏仍有所不妥。〔註31〕故婦某之「某」雖有表人名、爵名之例，〔註32〕然而其與地名、國名的關係尤為密切，如婦妌、婦見、婦龍之「妌」、「見」、「龍」，有作國名者：

癸卯卜，賓貞：井方于唐宗彘？　　　　　後上十八・五

丁未卜，囗貞：令立見方？一月。　　　　粹一二九二

院民族所集刊》，35（民國62年）：130。
〔註26〕同前註，頁129。
〔註27〕見胡厚宣，《甲骨學商史論叢初集》上，頁135。
〔註28〕參見陳夢家，《殷墟卜辭綜述》，頁492～493。
〔註29〕參見丁山，《甲骨文所見氏族及其制度》，頁28。
〔註30〕散見張秉權，〈人名地名與方國〉，錄於《甲骨文》（台北：國立編譯館，民國77年9月）。
〔註31〕同註14，頁80～81。
〔註32〕同註30。

王叀龍方伐？　　　　　　　　　　　　乙三七九七

又婦姮、婦葉、婦喜、婦龐、婦良、婦羊，婦下之「姮」、「葉」、「喜」、「龐」、「良」、「羊」，有作地名者：

　　　□戌卜，賓貞：戈幸亘？　　　　　　粹一一六五

　　　癸酉卜，疌于葉卣？　　　　　　　　佚三九二

　　　甲午王卜，貞：乍余酉，余步從侯喜正夷方　明一五四

　　　乙酉卜，殻貞：勿乎婦好先于龐𢎘人？　粹一二二九

　　　丁巳卜，行貞：王其田，王𣥖？在良。　前二・二一・三

　　　貞：羊受年？　　　　　　　　　　　甲二○六一

故婦某之「某」當是指涉女子所來處，爲國名或地名。

　　就現有考古材料來看。西安半坡遺址，聚落中心有一所大房子，四周散佈許多小房子，一般推測前者是氏族長的居所，也是集會所在地，後者則爲族內家庭的住處，小房子的面積大約二十平方公尺，居住人口想必不多；陝西臨潼的姜寨也是類似的遺址。〔註33〕前文已述及之殷墟西區葬墓，參與之學者有如下的見解：「我們認爲在殷墟西區這些墓地相依爲鄰的不同的族，他們之間的關係是密切的，生活上和生產上的往來，族與族之間的婚姻關係，或相互之間有政治性聯盟。」〔註34〕氏族和原始游群最大的區別就在於游群採內婚制，氏族則採外婚制；氏族爲了生存，就必須和異族聯盟或產生婚姻關係，結爲兄弟之國。

　　上古社會採氏族外婚，一個先行外婚的氏族何以突然轉變爲族內婚？令人不解。商王室縱使有同姓通婚的現象，也是一種特例，雖然兼行同姓婚和異姓婚，基本上仍以族外婚爲主。至於與外族通婚，主要是爲了加強和異姓家族之聯繫，以鞏固其地位。

（二）婚姻人數

　　典籍中對於中國上古的婚姻形式有血族婚姻之朦朧追憶，如《莊子・盜跖篇》：「神農之世，臥則居居，起則于于，民知其母，不知其父。」《商君書・開塞》：「天地設而民生之，當時之時，民知其母而不知其父。」又《呂氏春秋・

〔註33〕參見杜正勝，〈傳統家庭試論〉上，《大陸雜誌》，65（2）（民國71年）：59。
〔註34〕見〈1969～1977年殷墟西區墓葬發掘報告〉，《考古學報》1979年第1期，頁27～146。

恃君》：「昔太古嘗無君矣，其民聚生群處，知母不知父，無親戚兄弟夫婦男女之別，無上下長幼之道。」描述上古母系社會知母不知父的情況。所謂「太古」的下限究竟於何時則不得而知，是以或有將之下拉至殷商時代，認爲商人尚行血族群婚者，郭沫若即據多父多妣之稱謂以爲商代末年猶有亞血族群婚多夫多妻的現象。〔註35〕血族群婚制亦即「由嫡親的和旁系的兄弟姊妹集體相互婚配而建立的」，〔註36〕而進一步禁止近支之兄弟姊妹婚姻，僅限於遠系男女纔可婚姻，是爲亞血族群婚制。血緣婚姻是從雜婚向氏族外婚制過渡的中間環節，早在舊石器時代初期向舊石器時代中期過渡之際，也正是婚姻形態由血緣群婚向氏族外婚轉變之時。〔註37〕由於群婚制是同輩行之男女結合，只有橫的世代，故祖父母爲一列，父母爲一列，子女爲一列，〔註38〕是故有多父多母、多妻多夫之情形出現。親稱所謂「多祖」、「多妣」、「多父」、「多母」、「多兄」、「多子」等，可以看作母權制之遺跡，卻不可判定此期尚行亞血族群婚或偶婚制，因爲親屬稱謂改變的速率往往落後於家族形式之發展。其次，殷商有一夫一妻制的存在，又有父子相承的現象……，皆與血族群婚這種婚姻形式衝突；故此等稱謂實不足以作爲群婚的證據。

　　或有學者以爲殷商之婚姻形態爲對偶婚者。對偶婚所組成的偶婚制家族是「由一對配偶結婚而建立的，但不專限與固定的配偶同居。婚姻關係只有在雙方願意的期間才維持有效。」〔註39〕對偶婚有兩大特點：一是一對男女有較固定的關係，此爲對偶婚與群婚制之區別；其次是男女地位較平等，此點則是偶婚制和一夫一妻制家庭之差異處。商人稱謂中以妻、妾、母指稱先妣者，主要見於示壬、示癸、大乙三世，大乙之後即罕見，陳煒湛以爲：「這大概與夏末商初社會的婚姻狀況有關。可以推測，這是古代對偶婚制遺跡在語言文字上的反映。因爲在太古時代，本無所謂母與妻之分，男女同居婚配并不爲尊卑所限。」〔註40〕然而對偶婚制仍以母系爲計算標準，夫妻離散後子女仍屬母親，亦與商代繼嗣之以父系爲計算單位不相容；此期顯然非處於對偶婚之婚姻形態下。

〔註35〕同註9，頁229。
〔註36〕見摩爾根，《古代社會》，頁382。
〔註37〕同註1，頁101。
〔註38〕同註10，頁43。
〔註39〕同註18。
〔註40〕同註3，頁134。

　　李學勤以爲商族在示壬以前曾經過彭那魯雅制的時代，示壬以後則進入專一婚制：「殷代實際存在的親族制度是父系的專一婚制，因爲：在殷代每一人有其確定的配偶，而且在死後祀典中也是確定的。」〔註41〕觀卜辭中可知商王之正式配偶通常只有一位：

　　　　示壬之配曰妣庚

　　　　示癸之配曰妣甲

　　　　大乙之配曰妣丙

　　　　大丁之配曰妣戊

　　　　大甲之配曰妣辛

　　　　大庚之配曰妣壬

　　　　大戊之配曰妣壬

　　　　中丁之配曰妣癸

　　　　且乙之配曰妣己，又曰妣庚

　　　　且乙之配曰妣庚

　　　　且丁之配曰妣己，又曰妣癸

　　　　羊甲之配曰妣甲

　　　　小乙之配曰妣庚

　　　　武丁之配曰妣辛，又曰妣癸，又曰妣戊

　　　　且甲之配曰妣戊

　　　　庚丁之配曰妣辛〔註42〕

此爲專偶的事實，至於且乙、且丁二配，武丁三配，羅振玉即疑「猶少康之有二姚與？抑先殂而後繼與？」〔註43〕

　　首先就考古而言，大汶口、柳灣之考古遺跡中出現年齡相若之男女合葬墓，正是社會過渡或進入一夫一妻制的反映；一夫多妻之現象亦可從此一時期之墓地中尋出端倪。〔註44〕《鹽鐵論・散不足》云：「古者夫婦之好，一男一女而成家室之道；及後士一妾，大夫二，諸侯有姪娣，九女而已。」是先有一夫一妻，再繼之以一夫多妻的現象。而且一夫一妻制與一夫多妻制本可

〔註41〕見李學勤，〈論殷代親族制度〉，《文史哲》1957年11期，頁36。
〔註42〕見羅振玉，《增定殷墟書契考釋》，四版（台北：藝文，民國70年3月），卷上頁8～9。
〔註43〕同前註，卷上頁9。
〔註44〕參見本文第一章第三節。

並行不悖，故商王乃兼行一夫一妻與一夫多妻制。又由於父子關係的確定是建立在夫妻關係之明確上，商王世系表正是父子關係確定的明白體現，是以商人遲自上甲已進入一夫一妻的時代。細言之，上甲以後太戊以前為一夫一妻制，中丁以後遂行一夫多妻。〔註45〕

三、婚姻之限制

禁止同姓通婚最常見的理由是「其生不繁」，如《左傳‧僖公二十三年》載鄭叔詹語：「男女同姓，其生不繁。」是基於優生的考量，這類想法可能要經過一段長時間經驗的累積才能產生。其次又有以為同姓不婚是為了重人倫、防淫逸者，如《白虎通義‧嫁娶》曰：「不娶同姓者，重人倫、防淫逸，恥與禽獸同也。」究竟是為了重人倫所以同姓不婚？抑或同姓不婚可以引出「重人倫」的觀念？此種說法仍未清楚闡釋同姓不婚之由來。典籍諸說中以附遠、厚別說最可取，《禮記‧坊記》曰：「娶妻不娶同姓，以厚別也。」《禮記‧郊特性》云：「取於異姓，所以附遠厚別也。」又《國語‧晉語四》載司空季子語：

> 昔少典娶于有蟜氏，生黃帝、炎帝。黃帝以姬水成，炎帝以姜水成。成而異德，故黃帝為姬，炎帝為姜。二帝用師以相濟也，異德之故也。

少典生黃帝、炎帝，乃指此二氏族自少典氏族分出，非專指少典所生。〔註46〕同姓則同德，異姓則異德；黃帝為姬姓，炎帝為姜姓，二帝所以兵刃相對，是由於異類的緣故，倘若能合二姓之好，則可和親族、敦睦邦交，是故「娶妻避其同姓，畏亂災也」。合二姓之好於上古王室婚姻中，顯然有濃厚的政治意味，如《白虎通‧嫁娶》曰：「天子諸侯，一娶九女者何？重國廣繼嗣也。……娶三國女何？廣異類也。」所以廣異類者，其用心正同於附遠厚別說。

同姓不婚之制行來已久，影響深遠，究竟起於何時？歷來說者多以為自周始。《禮記‧喪服小記》云：「男子稱名，婦人書姓與伯仲，如不書姓則書氏。」鄭注：「此殷禮也」孔疏云：「殷無世系，六世而昏，故婦人有不知姓者。周則不然，有宗伯掌定繫世，百世昏姻不通，故必知姓也，若妾不知姓者，當稱氏矣。」《魏書‧高祖紀》：「夏殷不嫌一族之婚，周制始絕同姓之娶。」

〔註45〕 同註27，頁116～131。又參見鄭慧生，《上古華夏婦女與婚姻》，頁116。

〔註46〕 「帝俊生黑齒」條下郭璞云：「諸言生者，多謂其苗裔，未必是親所產。」見郭璞注，《山海經箋疏‧大荒東經》第十四。

並同王國維《殷周制度論》所論，〔註47〕皆認爲同姓不婚之制起於周代。言說者多舉《禮記‧大傳》爲例：

> 四世而緦，服之窮也；五世袒免，殺同姓也；六世親屬竭矣。其庶姓別於上，而戚單於下，昏姻可以通乎？繫之以姓而弗別，綴之以食而弗殊，雖百世而昏姻不通者，周道然也。

《大傳》並未言殷人五世後可以通婚，其所言不過是陳述西周方有嚴格的「同姓不婚」制，正義卻以爲此乃「作記之人以殷人五世以後可以通婚，故將殷法以問於周」。倘若此眞爲殷制，亦不過是說明商代同姓不婚之範圍。喪服到了四世，血緣關係已趨淡薄，遑論六世以後。是以殷商至少在六世以前對「同姓不婚」此種「習俗」仍是有所堅持的，其實周早期對同姓不婚亦實施的不夠徹底，如《論語‧述而》即載陳國司寇批評昭公娶吳孟子是爲同姓通婚：「君而知禮，孰不知禮？」是時同姓諸侯本爲同一血族，若干世代後，諸侯各以氏分出，雖然規定同氏不許通婚，異氏通婚仍脫不出在同一個血緣集團的內部，所以這實際上是殷代五世後可以通婚的延續和發展，〔註48〕此時期之同姓不婚明確的來講只是同氏不婚。

　　早在母系氏族社會已禁止近親男女之婚配，亦即本族的女子祇能招進他族的男子，至於本族的男子也祇能嫁到他族；而姓本自母系論，這種異族通婚本質上即爲異姓通婚，祇是就形式觀之仍不夠嚴謹。嚴格的「同姓不婚」始於西周，《通典‧同姓婚議》記載：「易曰：同人于宗，吝。」又言「五服之內，禽獸行，乃當絕。」指同姓通婚這種禽獸行是犯了「吝道之罪」，亦即誅絕之罪，乃當絕。故同姓不婚原爲母系之禮，非西周特有之制度，西周嚴格的同姓不婚制當是在姓氏演程中發展出來的。

第二節　家族之綿延──多子與多孫

　　子者，許多研究均認爲是商代族長一類人物的稱呼。〔註49〕卜辭中所稱「子某」者可以有兩種指謂：一是「子某」之子，此即「王子某」，亦有簡稱子者；一爲「某子某」之子，或稱「某子」，這種稱謂不是王子，而爲封爵。

〔註47〕見王國維，〈殷周制度論〉，錄於《觀堂集林》，影印初版（台北：明文書局，民國78年），頁474。

〔註48〕見葛生華，〈試論西周「同姓不婚」制〉，《蘭州學刊》（民國81年1月）：71。

〔註49〕同註19，頁17。

〔註50〕惟獨前者隸屬於家族成員之範疇。子是距舉稱者晚一輩的親屬稱謂，如同稱父者不一定是生父、稱母者不一定是生母一般，稱子者亦非全然指時王之子；故「子某」者，可以是時王之子與時王兄弟之子的通稱。金祥恆以爲卜辭中「每言子商、子魚、子央、子靡者，爲武丁之子（是子商、子魚者爲武丁之子商、武丁之子魚的省稱。或因避諱而不稱王名。）或曰某婦子者。」此亦即爲從名制中之從親名子制（Reverse Teknonymy or Tekeisonymy）一類：依親輩名字而稱呼某人爲「某之子」。〔註51〕從親名子制於商代，或從父方名（見前）、或從母方名，卜辭中可見此一現象，如：

　　　　辛亥，子卜，貞：帚敏子曰𤔲若。　　　　　　粹一二四〇

　　　　□㞢子疾，不死。　　　　　　　　　　　　　鐵一六八・一

　　　　御帚鼠子于姃己，𠃑㞢己。　　　　　　　　續一・三九・四

殷人重子嗣，子孫觀念發達，這除可從爲數不少的「求生」卜辭中探究外，亦可由先妣之權能中窺出。〔註52〕子孫眾多，是以在商代依母方來計算宗親關係是有其必要性的。從親名子制同時也反映出商人對於卑輩的不重視，其價值端賴所依附人而定。言及「多子」之卜辭，內容占問饗宴眾子吉否者頗多，如：

　　　　叀多生鄉？叀多子？　　　　　　　　　　　甲三八〇

　　　　□貞，叀多生射？　　　　　　　　　　　　南北一九四

　　　　丙子卜，貞多子其征爻版不冓大雨。　　　　林二・二五・九

　　　　□□卜，貞今夕多子步畫。　　　　　　　　前二・二八・六

　　　　于多子御嬖。　　　　　　　　　　　　　　後下八・一五

　　　　□辰卜，王貞：旬于多子。　　　　　　　　林一・一四・五

　　　　□甾多子其叙。　　　　　　　　　　　　　甲三〇六八＋三一〇二

　　　　甲寅卜，彭貞：多子其鄉。　　　　　　　　甲二七三四

　　　　貞：叀多子鄉于帝。　　　　　　　　　　　甲一六三四

〔註50〕參見董作賓，〈五等爵在殷商〉，錄於《董作賓學術論著》下，初版（台北：世界書局，民國51年2月），頁726。

〔註51〕參見楊希枚，〈聯名制與卜辭商王廟號問題〉，《中研院史語所》，21（民國55年）：22。

〔註52〕參見金經一，《甲文所見殷人崇祖意識型態之研究》，民國79年文化中研所博士論文，頁199～200。

多子鄉。　　　　　　　　　　　　　粹四八六

☐后☐及☐子孫☐　　　　　　　　　後下二二・七

☐多子孫田。　　　　　　　　　　　後下一四・七

屮多子即謂屮之諸子。與多子並稱之多生，陳夢家以爲或讀作姓，或讀作甥；
〔註53〕徐中舒讀作甥，認爲「多生」爲姊妹之子，多生之出現意味著母系向
父系過渡的現象。〔註54〕「生」字於甲骨文中有四義：生育之生、生死之生、
姓字、生爲來也，〔註55〕皆無作甥者。先秦早期姓字亦或作生，〔註56〕多生
或指眾官吏而言，《甲》三八〇蓋卜問宴饗眾官吏吉否？〔註57〕多生射者，《禮
記・射義》云：「古者諸侯之射也，必先行燕禮；卿、大夫、士之射也，必先
行鄉飲酒之禮。」又「古者天子以射選諸侯、卿、大夫、士。」燕饗後繼之
以射，以選擇官吏，卜辭所言多生鄉、多生射，亦當如是觀。

　　至於子卜辭中除了子之外，又爲三類人占卜：第一類爲子啓、啓弟等；
第二類爲婦多、婦率、婦周等；第三類爲婦多子等。第一類可能爲「子」之
兄弟輩或子輩，第二類爲子之妻室、弟媳或兒媳，第三類則爲其子姪或孫輩。
〔註58〕可想見分支家族的形態也相當龐大。

第三節　家族成員之關係

　　親屬稱謂是針對親屬關係予以命名的制度。親屬稱謂制度，有些人類學
家稱其爲婚姻與家庭形態的「深層結構」，從其中可以反映親子關係、世系形
態和權力結構這三個層面，此三成分亦即爲中國親屬關係之內在基礎。家族
成員之關係約略可分爲三類，亦即顏之推所謂的「有夫婦，而後有父子；有
父子，而後有兄弟；一家之親，此三者而已矣。」〔註59〕夫妻、子女、兄弟

〔註53〕同註28，頁485。

〔註54〕同註17。

〔註55〕參見金祥恒，〈釋生〉，《中國文字》第五冊（民國60年12月）：1～13。

〔註56〕參見傅斯年，《性命古訓辨証》，錄於《傅斯年全集》第二冊，初版（台北：
　　　　聯經，民國69年9月），頁254。

〔註57〕又如善鼎：「余其用各我宗子雫百生。」百生與宗子並舉。見屈萬里，《殷墟
　　　　文字甲編考釋》，初版（台北：中研院史語所，民國50年6月）甲三八〇釋文，
　　　　頁50。

〔註58〕參見林澐，〈從武丁時代的幾種『子卜辭』試論商代的家族形態〉，頁324。

〔註59〕見顏之推撰、趙曦明注、盧文弨補注，《顏氏家訓・兄弟第三》，臺二版（台
　　　　北：商務，民國75年2月），頁8。

姊妹爲組成家族的基本成員。卜辭所見之親屬稱謂，多見於王室祭祀，主祭者不外乎王或由王代爲卜問，故舉稱者均爲王（或子卜辭中之子）；其中高於舉稱者兩輩或兩輩以上者稱「祖」、「妣」；高於舉稱者一輩者爲「父」、「母」；與舉稱者同輩者爲「兄」；晚一輩則爲「子」爲「婦」（婦的輩分可延伸）。除藉由祭祀卜辭中之王室世系以瞭解殷商之家族成員外，又有貴族譜系可供參考，亦即頗富爭議的「兒氏家譜」：〔註60〕

　　　　貞
　　　　兒先祖曰吹
　　　　吹子曰癸
　　　　癸子曰旻
　　　　旻子曰雀
　　　　雀子曰壹
　　　　壹弟曰啓
　　　　壹子曰喪
　　　　喪子曰養
　　　　養子曰洪
　　　　洪子曰御
　　　　御弟曰役
　　　　御子曰伊
　　　　伊子曰𢥠

此家譜，或以爲行款呆板、字跡惡劣、人名出於抄襲與杜撰，顯然爲僞；或以爲字體罕見，卻與四十年後出土之材料吻合，誠非僞造，當信之不疑。〔註61〕此倘屬眞品，則爲中國最早的家譜遺跡，家譜的出現亦可見家族組織之漸趨成熟。〔註62〕

　　商代親屬稱謂大體上有三元素：區別字、親稱和日名。區別字者，如大小、內外、高下等……，是爲了在有兩個以上同樣的親稱和日名時，作爲區別而設；至於日名，起於夏代，殷商王之有日名者則自上甲始。區別字可以看出其長幼之序，親稱則可見其遠近親疏之別。

〔註60〕兒氏家譜是指《庫方二氏所藏甲骨》第一五〇六版牛胛骨上的刻辭。
〔註61〕兒氏家譜眞僞論說，參見註30，頁364～371。
〔註62〕因兒氏家譜眞僞之爭議頗多，故不擬採用，僅聊備之。

一、祖　妣

祖，甲文作🔯（前一·九·五）、🔯（前一·四五·三）、🔯（後上二一·一三）、🔯（拾一·二）、🔯（藏二四·四）。《說文》云：「祖，始廟也。」李孝定釋祖爲神主，🔯爲神主之象形，〔註63〕又《釋名·釋親》云：「祖，祚也。祚，物先也。」《廣雅·釋詁一》：「祖，遠也。」皆作「始」之義。商王稱高祖者，只有高祖夒、高祖王亥和高祖乙三人，而此一稱謂僅見於康丁武乙兩朝。〔註64〕所謂高祖，《爾雅·釋親》云：「曾祖王父之考爲高祖王父」卜辭中所謂高祖顯然與之不類。《尚書·盤庚》：「肆上帝將復我高祖之德」，高祖乃指湯而言。顧炎武云：「漢儒以曾祖之父爲高祖，考之于傳，高祖，遠祖之名稱。」〔註65〕從卜辭所見商人所稱高祖實有遠祖之義，二世以上之尊者皆可稱祖，不必是子之子的孫輩的稱謂，如：

辛未卜：高且求，其卯上甲☒？　　　　　　甲七〇一＋八三四＋八三五

王其又于高祖乙、叀酬用。　　　　　　　　粹一六二

于高祖帚，又匄。　　　　　　　　　　　　粹四〇一

丁巳貞：其奉☒于高祖，六年。☒貞：□奉禾□高祖，□牛。

　　　　　　　　　　　　　　　　　　　　粹八五七

□未卜，□：又歲□高且乙？　　　　　　　甲三五九七

卜辭又見諸祖合稱爲公或多公，如：

弜阤又其🔯于燕壬、王受又。其又于燕壬、阤又于公。王受□。弜……

　　　　　　　　　　　　　　　　　　　　粹五三八

公歲？　　　　　　　　　　　　　　　　　甲六二八

彳歲于多公？　　　　　　　　　　　　　　粹四〇四

妣者，甲文作🔯（甲三五五）、🔯（前四·八·二）、🔯（佚五八七）。《說文》云：「殁母也，從女比聲。」已故祖父以上之配偶稱「妣」。典籍中屢見祖妣對文，如「過其祖，遇其妣」〔註66〕、「丞畀祖妣」〔註67〕、「似續祖妣」，

〔註63〕參見李孝定，《甲骨文字集釋》，頁73。

〔註64〕參見李學勤，〈論殷代親族制度〉，頁33。李氏以爲稱高祖者僅有高祖夒和高祖王亥兩人，又補《粹》一六二高祖乙，見郭沫若，《殷墟粹編考釋》，初版（台北：大通書局，民國62年2月）。

〔註65〕見顧炎武，《日知錄》卷二十七。

〔註66〕見《易·小過六二》卷六。

〔註68〕卜辭中祖妣連文者，則有：

辛丑卜，貞：王賓武丁奭妣辛索亡尤？　　　　前一・一七・四

庚辰卜，貞：王賓四且丁奭妣庚，舀日亡尤？　續一・一七・七

卜辭可見先祖諸配偶中，王亥的配偶又稱「王亥母」（乙六四〇四）、「王亥妾」（鐵二〇六・二），亡乙、亡丙、亡丁的配偶又合稱爲「三亡母」（萃一二〇）。又有稱匕母者；匕爲妣之初文，是自祖母以上之稱，故匕母己猶言匕己，如：

乙丑卜：㞢匕女巳，𡧛豕？

丙寅卜：㞢匕女□，□？　　　　　　　　　　甲二四二六

又有加「亞」、「中」作爲區別者，如：

㞢于亞妣己。　　　　　　　　　　　　　　　乙二七三二

辛丑卜，中母己鼎？

辛丑卜，其邠中母己？　　　　　　　　　　　乙四五〇七

卜辭又屢見「后某」之稱謂，如：

庚子卜，王：上甲后妣癸□？　　　　　　　　前一・三八・四

庚庚卜，何貞：羽辛亥其又后妣辛？　　　　　佚二六六

庚寅卜，王貞：羽辛卯其又后妣辛？　　　　　珠三六三

□貞：𡥉氏、羌□自妣己妣庚于后妣己？　　　粹三九七

卜辭之「后」字，白玉崢云：「其誼亦非前后，其『后口口』之稱謂，亦若今世之稱繼父、或繼母，爲后父、或后母者然矣。」〔註69〕其以爲「后口」之稱謂類同於今世之繼父、繼母。甲文中「司」字和「后」字很難區別，丁驌以爲此二字在第一期本是一字，第二期全部寫作后，第三期以後又全寫爲司，〔註70〕其解釋亦分歧。〔註71〕然而「后」字作爲別異的成分大些；祖庚卜辭

〔註67〕見《詩・大雅・豐年》卷十九。

〔註68〕見《詩・小雅・斯干》卷第十一。

〔註69〕見白玉崢，《契文舉例校讀》，初版（台北：藝文，民國77年3月），頁202。

〔註70〕作君后解者，如張秉權云：「卜辭中司后兩字往往無別。它辭或稱『隹入糞司㞢婦好』（《乙》七一四三），入糞司就是入糞后。」見《殷墟文字丙編考釋》中二，頁400。釋司，作祖妣、配偶解者，如陳夢家云：「凡此司癸、司戊、司辛疑皆先妣。」見《殷墟卜辭綜述》，頁490。又張亞初云：「司、姛應讀爲妃，訓爲匹配、嘉偶。……正確的解釋，應該是配偶、夫人、妻子。」見〈對婦好之好與稱謂之司的剖析〉，《考古》1983年8期。

〔註71〕參見丁驌，〈說后〉，《中國文字》第31冊（民國）：3。

稱小乙之配爲后妣庚，以別於中丁之配名妣庚者。廩辛卜辭稱武丁之配爲后妣辛，以別於大甲之配名辛者。〔註72〕所以凡先妣名前加高、后、亞等字，均是用以區分先王配偶先後之區別字。

二、父 母

父者，指距舉稱者一世的男性親長，甲骨文作 ⚹（甲七九五）、⚹（甲二六九五）、⚹（甲二九〇三）、⚹'（鐵一〇五・四），《說文》云：「父，巨也。家長率教者，從又舉杖。」郭沫若以爲父「乃斧之初字，石器時代男子持石斧，以事操作；故滋乳爲父母之父。」〔註73〕又王國維云：「父者，父與諸父之通稱。」〔註74〕由卜辭可知，後世之稱爲叔伯者，商代皆以父名之，如：

癸丑□，□：翌甲寅，又父甲？	甲二六九二
貞：其又□父己？	甲二六九五
□□卜，何貞：翌□父庚鄉？	甲二七四八
辛翌歲于父？	甲二八七五
□午卜：王□父乙□？	甲二八八九
丁巳卜：屮父戊？	甲二九〇七
壬戌卜，狄貞：王父甲𠙶，其豐，王受又又？	甲三九一八
□子卜，父甲豐？	
□父木丁歲，即且□？	甲三六二九
貞屮于父庚，貞屮于父辛。	戩七
父甲一牡，父庚一牡，父辛一牡。	後上二五
祖日乙，大父日癸，中父日癸，父日癸，父日辛，父日己。	
	三代十九・二十・一一 一二一・一

《後上》二五中之三父，郭沫若云：「此父甲父庚父辛一片，羅王二氏以爲即陽甲盤庚小辛，辭當爲武丁所卜，故三人均爲武丁諸父，故均稱父。」〔註75〕

〔註72〕同註28，頁490。
〔註73〕同註9，頁269。
〔註74〕見王國維，〈殷墟卜辭所見先公先王考〉，錄於《觀堂集林》卷九，頁433。
〔註75〕見郭沫若，《甲骨文字研究・釋歲》，頁3。

至於上舉三商句器所謂大父、中父、父，劉熙《釋名》曰：「父之弟曰仲父；仲，中也，位在中也。」大且、大父、大兄可能是較年長，或是有威望的領導者。父之兄弟統稱為父，別則有大、仲之分。〔註76〕卜辭所見父之稱謂又有稱為多父者，如：

　　　　壬午卜：其𠬝□歲于多父？　　　　　　甲五六五

　　　　□多父冦□？　　　　　　　　　　　　甲一二五四

　　　　□己刀子用隹□🧩多父□🔯，若？　　甲三一六四

　　　　庚午卜，□貞：告于三父。　　　　　　鐵一・五

　　　　戊子卜，貞：于多父。　　　　　　　　前一・四六・四

「多父」之稱正類同於《詩經》中之「諸父」，《詩・伐木》曰：「既有肥羜，以速諸父。」又《詩・楚茨》曰：「諸父兄弟，備言燕私。」是知卜辭中，散則稱父，合則稱多父。

　　母字，甲骨文作🌀（甲一・三・一）、🌀（甲一・一三・一九）、🌀（藏八十・三）、🌀（拾十一・七），郭沫若云：「人稱育己者為母，母字即生殖崇拜之象徵。母中有兩點，《廣韻》引《倉頡篇》云：『象人乳形』，許書亦云：『一曰象乳子也』。甲文及金文母字大抵作🌀，象人乳形之意明白如畫。」〔註77〕按《爾雅・釋親》：「父之兄妻為世母，父之弟妻為叔母，……母之姊妹為從母。」卜辭中，父之兄弟之妻及母之姊妹皆稱為母，如：

　　　　勿于母己？□母丙？　　　　　　　　　甲三〇二七

母己、母丙皆為武丁諸母之一。卜辭中亦有稱多母者，如：

　　　　□貞：勿多□🔯女　　　　　　　　　　前四・二五・五

　　　　甲申卜：王大🧩羽多母之□　　　　　　前八・四・七

多母亦即為「諸母」之統稱。其次，又有稱小母者，如：

　　　　貞：小母矢奚　　　　　　　　　　　　前一・三・四

葉玉森云：「小母之稱罕見，或稱庶母，矢奚殆其名也。」〔註78〕是以為小母為庶母。前文已言，父之兄弟統稱為父，別則有大、中之分，小母之稱亦當

〔註76〕這種排列似乎和卜辭與其他器物所反映之親屬稱謂不類，李學勤先生即認為「其形制是殷末的，但銘文實不可靠」，同註64，頁33。

〔註77〕見郭沫若，《甲骨文字研究・釋祖妣》，頁14。

〔註78〕見葉玉森，《殷墟書契前編集釋》，初版（台北：藝文印書館，民國55年10月），前一・三・四釋文。

如此理解，不當作庶母。

三、配偶──母、妾、妻、奭、婦

　　陳夢家以爲殷商先公先王之配偶有母、妾、妻、奭四種指稱；妻、妾兩稱多屬武丁卜辭，奭僅限於祖庚與乙辛之周祭卜辭。〔註 79〕其所言雖未必盡是，然依所處時期之不同而各有不同的習稱，此於卜辭可見，如：

武丁	妻、母（一見）
祖甲	奭、母（一見）
廩辛、康丁	奭
武乙、文武丁	妾、母
帝乙、帝辛	奭〔註 80〕

（一）母

　　卜辭中可見商人稱謂中之「母」字除母親義外，又有配偶義，如：

辛丑卜，壬：夕屮示壬母妣庚，豕？不用。	甲四六〇
貞：屮于示壬妻妣庚，牢，叀黎牡？	丙二〇五
屮大甲母匕辛	粹一八二
屮大乙母匕丙一牝	甲二五四＋二八四
于且丁母匕甲御	續一‧三五‧一
貞：袞于王亥母豕	乙六四〇四
卜丙母匕甲歲叀牛	河二七一
□□卜，貞：妻其又陟于高母辛？	甲三九三〇

「示壬母妣庚」又名爲「示壬妻妣庚」，足見母、妻均爲王之配偶。《甲》四六〇屈萬里考釋云：「夕，謂辛丑之夕，即祭示壬之前夕也。女讀爲母；於此義猶配也。示壬女匕庚者，謂示壬之配匕庚也。此以示壬之祭日爲主，故卜於壬之前夕舉行屮祭。不用，蓋茲用之對文，意謂不用此卜也。」〔註 81〕《甲》三九三〇中之高母辛，疑爲太甲之配。配偶稱母爲親從子稱之現象，或爲上古母系社會之殘餘。

〔註 79〕同註 28，頁 487。
〔註 80〕見李學勤，〈論殷代親族制度〉，頁 32。
〔註 81〕見屈萬里，《殷墟文字甲編考釋》，頁 71。

（二）妾

商代的妾原本是一般女人的泛稱，並不蘊含任何價值判斷，然而後來卻推演出兩種截然不同的義涵，此可由釋妾字中看出。妾，甲文作 𡚤（前四・二五・八）、𡚨（藏二六九・四）、𡚨（拾一・八）、𡚨（粹二一八）。其上或釋爲飾物，或釋爲犯罪之記號，遂導致異義：其一爲配偶，如王亥妾即王亥所擁有之女子；其次爲女奴，亦即俘擄而來之女子。〔註82〕作爲俘擄之「妾」，正如《說文》所言「有辠女子給事之得接於君者，從辛從女。」殷商或作爲祭祀時之人牲，在祭典中常與羊、牛、牢並舉，如卜辭可見：

出妾于妣己。　　　　　　　　　　　　　　乙二七二九

□巳，自祖乙又妾，又戊大。　　　　　　　粹二一八

其又妣辛奭，叀歲。其曹郊大乙，叀歲。　　粹三八七

王其又母戊一郊，此受又。二郊。卯叀羊，叀小宰。叀牛，王此受又。
　　　　　　　　　　　　　　　　　　　　粹三八〇

又卜辭中可見妾與妻、婦同義，均爲配偶義，如：

甲辰卜，貞：王賓示癸奭妣甲，協日，無尤？　林二・三五・一

癸丑卜，王□□宰示癸妾妣甲？　　　　　　拾一・八

甲辰卜，□婦 𣄰 □。　　　　　　　　　　甲三八

妾執有子。　　　　　　　　　　　　　　　前四・二八・八

以上四例兩兩對照：示癸之配妣甲既稱奭妣甲，又稱妾妣甲；婦 𣄰 和妾執爲同一人。其他如：

出于王亥妾　　　　　　　　　　　　　　　鐵二〇六・二

辛丑卜于河妾　　　　　　　　　　　　　　後上六・三

來庚戌出于示壬妾妣□　　　　　　　　　　續一・六・一

□辛示癸妾匕甲　　　　　　　　　　　　　拾一・八

戊辰出伐于涉，卯辛庚示妾　　　　　　　　金四八一

子蒍妾　　　　　　　　　　　　　　　　　金五四八

丁亥卜，亙貞：子商妾盂娩，不其妨？　　　粹一二三九

□酉卜入妾□𣁋□　　　　　　　　　　　　前四・三五・五

王亥妾當即王亥妻（惟不見於祀典）。《續》一・六・一：「出于示壬妾妣口」

〔註82〕參見趙錫元，〈關于殷代的奴隸〉，《史學集刊》1957年，頁29。

是示壬妾尙被祭祀。又子商妾盂，當即子商之妻盂。

（三）妻

妻，甲文作 ![字] （乙一九一六）、![字] （乙五一六二）、![字] （乙三五二一）、![字] （前五‧一七‧四）、![字] （鄴三一‧七）。妻作爲配偶義者多爲武丁卜辭：

于示壬妻妣庚	乙一九一六
□亥卜，屮歲于妣戊盧豕□乙妻	乙三五二一
且乙妻	掇一一八四

丁丑卜，賓貞：子雍其御王于口丁妻妣己 ![字] 羊三口羌十　續一‧三九‧三

某妻妣某亦可省去妣名而直稱某妻，如上述第三例之稱「且乙妻」。

（四）奭

奭之義與母妾略同，亦表示配偶義，祖庚、祖甲之後始見奭之稱謂，甲文作 ![字]（甲二八九三）、![字]（乙三〇三七）、![字]（前一‧八‧一）、![字]（前一‧四一‧六）、![字]（前一‧三一‧三）。「奭」習見於祭祀卜辭，多在先公先王廟號之後，如：

庚辰卜，貞：王賓示壬奭妣庚，翌日，亡尤？	後上一‧七
丙申卜，貞：大乙奭妣丙壴亡尤？	後上一‧二
庚申卜，尹貞：王宾小乙奭妣庚，歲☒？	粹二九二
壬寅卜，大貞：王宾大戊奭妣壬，日，亡尤？	後上二‧九
丁未卜，何貞：御于小乙奭妣庚，其 ![字] 鄉？	甲二七九九
妣庚大乙奭，叀今日酒？	甲一六四二
于妣己祖乙奭告	明續六六〇
其又妣己祖乙奭，叀今己亥酒？	京都一七九一

祖甲創周祭，因先妣繁多，特以直系入祀之制以限制，並冠以奭字以顯其尊貴；故非五祀統而用奭字者，均不見有第五期之卜辭。

「祖某奭」雖繫於先王廟號之後，重點不在於以夫爲尊，主要是爲了區分妣某之同號者，﹝註 83﹞別異的成份較大。如卜辭云：

于妣庚芍甲奭。	粹二五五
己巳卜，行貞：翌庚午歲，其征于芍甲奭妣庚。	

﹝註 83﹞ 參見張政烺，〈奭字說〉，《中研院史語所集刊》第十三本（民國 37 年）：167。

佚八七八

「妣庚芎甲奭」亦即爲「芎甲奭妣庚」。妣名可置於商王廟號後，亦可置於商王廟號前，足見「祖某奭」之區分用意。

（五）婦

婦，甲文作𤔲（甲六六八）、𤔲（鐵一二二・三）、𤔲（乙八七一三）、𤔲（燕七二三）。《詩・氓》箋：「有舅姑爲婦」《穀梁傳・宣公元年》曰：「其曰婦，緣姑言之之辭也。」又《爾雅・釋親》云：「子之妻爲婦，長婦爲嫡婦，眾婦爲庶婦。」皆以子之妻釋婦，李學勤亦以爲「婦是子婦」，〔註84〕然此釋置於卜辭中顯然不妥。若婦爲子妻，爲何武丁總是占卜諸子配偶的咎休禍福，而不貞問己身之妻室？令人費解。唐蘭則疑婦者「殆今王之配與？」〔註85〕然而縱觀卜辭諸婦，又非盡是商王妻，如：

　　□未貞：王其令望乘帚，其告（于）祖（乙）一牛，父丁一□

　　　　　　　　　　　　　　　　　粹五〇六

　　甲戌卜，王：余令角帚古朕事？　　粹一二四四

　　辛亥卜，出貞：令帚挈角御方于陟𨸷？　甲三五三九

　　庚戌卜，王貞：伯𠦪允其及角？　　佚九一

望乘爲武丁時候的武將，〔註86〕望乘帚當是指武官的妻子。「角」於《甲》三五三九中作人名解，於《佚》九一則作地名解，疑角帚爲角之配偶。是知諸婦中有一部分是將領與諸侯之妻室。其次，又有以爲「婦」爲官職者，張政烺即推測卜辭中之多婦即是世婦，其職掌爲祭祀、賓客及喪禮等，居處宮中，若被商王寵幸即爲妃嬪，帚好就是一個這樣的人物。〔註87〕卜辭中有多婦與多臣對貞之例，如：

　　丙午貞：多帚亡疾？

　　丙午貞：多臣亡疾？　　　　　　乙八八一六

張氏認爲多婦與多臣對貞，此二者地位相當或相近，在商王心中爲同類事物，都是「介於原始奴隸與原始官吏之間，在統治者的支使下既辦公事，也任私

〔註84〕同註41，頁34。
〔註85〕見唐蘭，《殷墟文字記》，第一版（北京：中華書局，民國70年5月），頁27。
〔註86〕同註27，頁54。
〔註87〕見張政烺，〈帚好略說〉，《考古》1983年第六期。

役。」而其來源則是被征服者或臣服者之世代納貢。〔註88〕《禮記・曲禮下》云:「天子有后,有夫人,有世婦,有嬪,有妃,有妾。天子建天官,先六大,曰大宰、大宗、大史、大祝、大士、大卜,典司六典。」鄭玄注:「此蓋殷時制也。」孔穎達疏:「此一節總結立男官女官之事。」卜辭中之「婦某」或即爲《禮記》所言之世婦。〔註89〕《曲禮》並未說明世婦的職掌,世婦之職掌見於《周禮・天官・世婦》,其云:「掌祭祀賓客喪紀之事」諸婦之權能究竟來自其官職、抑或王妻的身份?今試析之。但觀卜辭,可知婦好、婦井從事征伐、農務、祭祀等工作,〔註90〕並不侷限於「專司祭」而已;其次,卜辭所見婦好職責偏重征戰,而婦井則偏重農稼,倘若「婦」爲一種官名,其司職不當如此分歧(或側重),官職之說值得商榷。

總的來說,婦即是妻,「婦某」不盡全爲武丁之妻,商王的夫人及諸子與諸侯之配偶,均可稱婦。就家族內部而言,伯叔既可通稱爲父,合稱爲多父,兄弟之妻亦可通稱爲婦,合稱爲多婦。

四、兄　弟

兄者,乃指與舉稱者同世而言,甲文作 𠄎(甲二二九二)、𠄎(鐵十三・二)、𠄎(粹一四三二)、𠄎(燕一一二)、𠄎(後一・三・七)。卜辭中常見兄此一親屬稱謂,顯見在同世中是處於較尊的地位,如:

己未卜:王屮兄戊,羊用?	甲一八二
□侯兄丁☑日己牢,☑彳歲☑	甲二二九二
于凸日酒饮,兄辛歲?	甲二四八九
□戌,亞:又兄己,自豕?	甲二九六四
丁巳卜:于兄丁御子衞?	甲三〇四一
丁卯卜,敞貞:今日屮于兄丁,小宰?	甲三〇八三
用屰入商,大雨,牛二牢凡兄丁又?	甲三五七六
甲申卜,即貞:其又于兄壬于母辛宗?	後上七・一一
弜羊多兄?	甲九一八

〔註88〕同前註,頁539。
〔註89〕同註14,頁85。
〔註90〕參見本文第四章第二節。

最末一例卜問以羊祭多兄，多兄猶謂諸兄，泛指各位兄長。

　　至若「弟」者，卜辭中則無此一稱謂，弟字在甲文作 ![字] （乙八七二二）、![字]（乙八八一八）、![字]（燕一二八）、![字]（庫一五○六），均無作兄弟之義者。《說文》曰：「弟，韋束之次第也。」蓋韋束展轉圍繞如螺旋有次第，而引申之義爲次第，又引申爲兄弟義。李學勤云：「殷代的『兄』『弟』并不是長幼的區別，因爲整個殷代不能沒有一個殷王的幼弟死在殷王的前面，而子可已受祭，幼弟也必可受祭。我們認爲『兄』是指同世『弟兄』的先死者，而『弟』是其對立詞。」〔註91〕就「子」之稱謂來看，有大子、中子、小子，則知商代已能派別長幼；其次，於上古社會中兄弟之關係相當明確，不可能沒有一個較具體的稱謂；是以「兄」當非指同世「弟兄」之先死者。卜辭中無以干支爲名及作親稱之「弟」，僅能理解爲：因其地位較低，不得入祭，遂不見於祭祀卜辭。同樣地，卜辭中亦不見晚一輩之女性稱謂；「弟」、「妹」之不見於卜辭，或因其地位較低，王室罕爲其占卜的緣故。卜辭有「妹」字，如：

　　　癸亥卜，鰊貞：王在 ![字]妹其 ![字]往正王。　　　前二・三九・二

　　　壬辰卜貞：今日不雨。妹征 ![字]　　　　　　　　前三・十九・五

　　　乙亥卜：生四月妹 ![字]史？　　　　　　　　　　甲二○九

　　　貞：妹其至，在二月。　　　　　　　　　　　　　續四・三七・四

羅振玉以爲卜辭中此字爲地名，亦即〈酒誥〉之妹邦，又借爲昧爽字；〔註92〕葉玉森則認爲此字爲昧爽字，〔註93〕如《尚書・酒誥》：云「王若曰：明大命於妹邦，乃穆考文王肇國在西土。」；然而就《續》四・三七・四：「妹其至」看來，「妹」當作姓氏解，丁山即以爲妹氏爲武丁夫人，妹爲婦妹氏之省稱。〔註94〕或作地名，或作氏名，或作昧爽字，並與親稱無涉。

第四節　親屬稱謂制度之範疇分析

　　摩爾根爲親屬之科學研究的創始者，其把親屬制度分爲兩大類：即類分

〔註91〕同註41，頁33。
〔註92〕同註42，頁23。
〔註93〕同註78，卷三，頁21。
〔註94〕同註29，頁139。

的（classificatory）親屬制度和描述的（descriptive）親屬制度。至於親屬稱謂制度的範疇最早由克羅伯（A. L. kroeber）提出，其將之區分爲八類：世代區分、直系與旁系區分、同代人的長幼區分、兩性之別、稱謂人性別區分、親屬關係人的性別區分、血親與姻親區分、存亡之別和已婚未婚之別。G. P. Murdock 修正此八範疇而凝聚爲六原則：世輩、兩性、姻親、旁系、二分、兩極。及三條輔助原則：相關年齡、稱謂人性別、死亡。〔註95〕由於商代親稱的研究是透過卜辭，而卜辭又爲王室之檔案，其指涉面僅及於血親家族，而不及姻親。又卜辭所見之親稱是屬於類分的，且不因關係人的性別而有不同的指稱。由是根據商代親屬制度之特徵，本研究參考上述各家之說，擬提如下範疇：世代區分與稱謂人性別區分、直旁系區分、長幼區分與性別區分。

一、世代區分與稱謂人性別

此期之親屬稱謂乃屬於類分，一個稱謂可以概括幾個親屬類型（如父之涵括叔伯）。是以武丁時稱伯父陽甲、盤庚、小辛及其父親小乙，均稱父。〔註96〕賓組卜辭中，武丁諸母有母丙、母丁、母戊、母己、母庚、母壬、母癸七人，祇有母庚爲其生母，其餘則爲庶母或伯母、叔母。〔註97〕至於長一輩或一輩以上者均可稱爲祖，對於地位較隆崇者才冠高祖以作區隔。〔註98〕對於尊輩血親的稱謂也不因己身性別之不同而異稱，如婦好稱其先祖亦與武丁一般，稱祖、稱妣。〔註99〕對於卑輩的親屬稱謂也不因己身性別之不同而異稱，如後世男性對姊妹之子稱爲甥或出，而女性對姊妹之子則和己身所生之子同稱；女性對兄弟之子稱姪，男性則對兄弟之子與己身所生之子同稱，〔註100〕這些異稱均不見於商代，其對卑輩皆統稱爲子。〔註101〕

在尊一輩的親稱中，母專指母親、先王之配偶。與母字形相近的女字（前一・三九・一〇），在商代則爲女性之通稱，女之義產生當早於母。由母字

〔註95〕參見芮逸夫主編，《雲五社會科學大辭典・人類學分冊》，頁283下～284上、285。
〔註96〕如《後上》二五：「父甲一牡，父庚一牡，父辛一牡。」
〔註97〕同註11，頁123。
〔註98〕如商王稱高祖者僅有高祖夋、高祖王亥、高祖乙三人。又參見本章第三節。
〔註99〕如《珠》七七三：「貞：婦好出告于多妣，酒。」
〔註100〕見芮逸夫，〈論中國古今稱謂異制〉，錄於《中國民族及其文化論稿》，初版（台北：藝文，民國61年6月），頁809。
〔註101〕參見後文性別區分部分。

和女字的對照中可以看出，前者是人類社會有尊卑意識下的產物，爲的是將尊者區別出。〔註102〕卜辭所見男性尊者之稱謂歷來不變，女性尊者之稱謂則可以看出「尊卑意識」之痕跡，可想見女子地位於此時期極富不穩定性。〔註103〕

二、直旁系之分

親稱中的直旁系區分範疇可以見親疏之別。商人對於長一輩之男性尊者皆稱父，對於長一輩之女性尊者皆稱母，似乎無親疏之別，亦無由區分直旁系。明確的來說，必須到漢、魏以來，父之兄弟的稱謂不再以「父」加區別字的形態（伯父——伯＋父、叔父——叔＋父）出現，逕可單稱伯、叔的時候，才有較嚴格的親疏之別、直旁系之分。〔註104〕

卜辭中，商王在祭祀其先祖時，於其生父稱爲帝，旁系先王則否。〔註105〕武丁時卜辭，祭其生父小乙稱爲父乙帝，〔註106〕如：

　　　貞父乙帝……　　　　　　　　　　　　　　乙九五六

祖庚祖甲時卜辭，祭其生父武丁稱爲帝丁，如：

　　　甲戌卜，王曰：貞勿告於帝丁，不螽　　　粹三七六

廩辛康丁時，祭其生父祖甲稱爲帝甲，如：

　　　貞其自帝甲又征　　　　　　　　　　　　粹二五九

　　　貞其先帝甲其弘　　　　　　　　　　　　庫一七七二

　　　武乙祭其生父康丁，稱爲帝丁，如：

　　　乙卯卜，其又岁于帝丁，一牢　　　　　　南輔六二

帝乙時祭其生父文丁，稱爲文武帝，如：

　　　□□卜，貞翌日□□王其又　□文武帝升，正，王受又又

〔註102〕參見趙誠，《甲骨文簡明辭典》，第一版（北京：中華書局，民國77年1月），頁46。

〔註103〕一方面，貴族婦女擁有豐富之政經資源、死後享特祭等……，可知其地位之高；另方面，婦繫於夫的情況又說明父權制的特徵。

〔註104〕同註100，頁804。

〔註105〕散見裘錫圭，〈關于商代的宗族組織與貴族和平民兩個階級的初步研究〉，《文史》第十七輯。

〔註106〕所引卜辭參見胡厚宣，〈中國奴隸社會最高統治者的稱號問題〉，錄於《紀念顧頡剛學術論文集》，第一版（成都：巴蜀書社，民國79年4月）頁140～141。

　　　　　　　　　　　　　　　　　前一‧二二‧二

　乙丑卜，□□其又 从 □□武帝□□三牢，正，□□又又

　　　　　　　　　　　　　　　　　前四‧一七‧四

　……娟其□文武帝，乎舁娟于癸宗若，王弗每　珠八四

稱父爲帝跟區分嫡庶的觀念顯然是有關係的，在商人的語言裏已出現與嫡庶這兩個概念相近的字眼「帝」、「介」。〔註107〕死去的父王稱爲帝，與嫡相對的庶，在商代稱爲「介」，介字從人從小，或是叔字（金文叔從小），稱「多介」者均爲武丁卜辭。〔註108〕多介父、多介、多介兄、多介子之見於卜辭者如：

　　　于多介祖戊　　　　　　　　　前一‧二三‧一

　　　不隹多介岂王　　　　　　　　前一‧二七‧四

　　　貞勿之犬于多介父　　　　　　前一‧四六‧七

　　　貞不隹多介父　　　　　　　　前一‧四六‧二

　　　貞：之犬于多介父。貞：勿之犬于多介父。　前一‧四六‧三

　　　戊寅卜，爭貞：于芍甲。勿业于多介父犬。　粹二五七

其次，又有稱帝子者，如：

　　　勿呼汏帝子御事，王其悔？　　　　　合集三〇三九一

帝子者，「就是後來古書上的『嫡子』，由『帝』變爲『啻』『商』加女旁而成。嫡子的初義，就是王帝之子，而且只用於直系。」〔註109〕卜辭中區分帝介的慣例，是與嫡庶很接近的一個範疇，可以想見兩者存在著某些內在的聯繫；因此，嫡庶二字雖未見載籍，然此觀念（嫡庶與直旁系）之逐漸形成制度則是可以肯定的。

三、長幼區分

　　長幼區分範疇是中國親屬稱謂的特徵之一；卜辭在平輩稱謂中爲了分別長幼，加區別字大、中、小，遂有大示、小示、大子、中子、小子此類稱謂。其中大示、小示雖然也是商人辨親疏長幼的一種方式，卻是「死稱」，與大子、小子之生稱有別。卜辭所見之大子稱謂者，如：

〔註107〕同註105。
〔註108〕同註28，頁486。
〔註109〕同註19，頁37～38。

邟子��大子小宰	前四・一六・六
貞：御子弢（于）大子、小牢？十一月	合集三二五六
丁卯卜：于大子又？	合集三九六九五
己未卜：御子辟（于）小王不？御子辟（于）中子不？	
	合集二〇〇二三
癸丑卜爭貞：復缶于大子？	乙七七五一

中子之稱者，如：

戊午卜：王勿御子辟？于中子又子辟？	合集二〇〇二四
乙亥卜��：于中子用牛不？	合集二〇〇二五
貞：中子呼田于……	合集二一五六五
癸亥卜：中子又往來，叀若？	合集二一五六六
辛丑卜大貞：中子歲其延酒？　合集二三五四五──二三五五七	
中子旬疾，乎田于凡	明續一九二
御子屖小王不──御子屖中子不	京都一二九四
中子王其賓	後上八・十
亞子𝍌？	甲三〇一一

小子之稱者，如：

貞：小子有𝍌？	合集一五一正
且丁若小子𥁕？	乙四五九〇
戊午卜古貞：酒小子御？	合集三九六九七
……小子御（午）母庚？	屯南二六七三

　　卜辭稱謂中「子」之分為大、中、小，起初只是為了區別兄弟間之長幼排行，其後又演為族的等次順序，大子為大宗之長，中子有自己的分族，小子有自己的家庭；〔註110〕演變到後來，大子之族仍為大宗，中子、小子則相對之為小宗。所以凡兄弟相繼者，或大中外、或大小、或中外、或小小等並例，〔註111〕此為武丁以前稱謂所加區別字以別直旁系者。長幼的強調是為了

〔註110〕參見劉昭瑞，〈關於甲骨文中子稱和族的幾個問題〉，《中國史研究》（1987 年
　　　　2 月）。
〔註111〕殷商前期以大中小為廟號之商王世系為：

突顯兄之重要性，兄之所以尊，《論語・先進》曰：「人不間於其父母昆弟之言」，皇侃疏：「謂兄為昆，昆、明也，尊而言之也。」又程瑤田《宗法小記》云：「尊祖故敬宗，宗之者，兄之也，故曰宗之道，兄道也。」以上說明了商人對長幼區分的重視，這顯然與繼承權之所屬有關。〔註112〕

四、性別區分

古代言子者，通稱男女，如《詩・大雅・大明》：「長子維行」傳云：「長子，長女也。」《詩・衛風・碩人》：「齊侯之子，衛侯之妻，東宮之妹，邢侯之姨。」《儀禮・喪服傳》曰：「故子生三月，則父名之。」注云：「凡言子者，可以兼男女。」《禮記・曲禮》：「子於父母」注云：「言子者，通男女也。」《詩經》中屢言「之子于歸」，此「子」均指女性。卜辭所見子、多子，亦兼含男、女而言，如：

☒易多子女。	珠五二九
□戌卜，𢆶：□子咸，一犯？	甲二八〇
子目妨？	存一・七二四
☒卜，㱿貞：子目冥，妨？☒卜，㱿貞：子目冥，不其妨？	乙二六一四＋五九六一＋六九〇九
辛丑卜，爭貞：小臣娩，嘉？	掇二・四七八

《珠》五二九之「易多子女」，多子為受賜者，女則是用為賞賜的內容，〔註113〕非男女之分別稱。《甲》二八〇中之子咸，屈萬里以為是時王已故之女，其言曰：「子咸，說者以為武丁之子。殷人祭先祖，則用牡牲；祭先妣，則用牝牲。

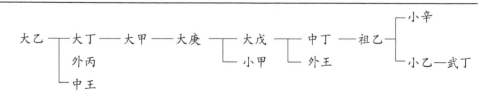

參見註18，頁23～24。

〔註112〕嫡長子繼承見本文第五章第三節。

〔註113〕見張永山，〈試析「錫多女出朋貝」〉，錄於《古文字研究》第十六輯，第一版（北京：中華書局，民國78年9月），頁33。

此用牝（即牝豕），知此子咸爲女姓。古女子亦稱子。」〔註114〕上述卜辭所指之子目、子目亦均爲女子。末例「小臣妦」，則知小臣亦有女姓者。

　　親稱中對尊一輩親者分辨性別，對卑一輩男女稱謂不分性別的情況，顯示出對於幼輩的不重視，由於重視尊輩而忽略卑輩，是以親屬稱謂中不見有弟、妹此類稱謂。稱謂不分性別，同時亦透顯出商人在形式上仍殘餘氏族社會男女平等之習俗。

〔註114〕同註57，頁45。

第三章　殷商家族之禮儀

　　所謂「禮儀三百，威儀三千」〔註1〕繁瑣的禮儀，往昔將之區分為五，五禮之名首見《尚書》，〔註2〕五禮之目則載於《周禮・春官・大宗伯》：「以吉禮事邦國之鬼神示，以凶禮哀邦國之憂，以賓禮親邦國，以軍禮同邦國，以嘉禮親萬民」，是吉、凶、軍、賓、嘉為五禮之名。五禮之名雖見於《周禮》，卻由來已久，〔註3〕當是損益夏殷之禮而成。由於殷商禮制湮滅，本章僅就卜辭所及之婚姻、產子、祭祀禮儀論述之。

第一節　婚姻禮儀

　　《禮記・婚義》曰：「昏禮者，將合二姓之好，上以事宗廟，而下以繼後世也，故君子重之。是以昏禮納采、問名、納吉、納徵、請期皆主人筵几於廟，而拜迎於門外，入揖讓而升，聽命於廟，所以敬慎重，正昏禮也。」周代婚禮已臻周全，至於殷商婚禮，溫丹銘以為有選后、迎后、廟見等禮節，〔註4〕溫氏之說有些顯然是出於誤解；〔註5〕由是言之，商人似乎無婚禮，

〔註1〕見《禮記・中庸》。
〔註2〕如《尚書・舜典》：「修五禮」又《尚書・皋陶謨》：「天秩有禮，自我五禮有庸。」
〔註3〕如：
　　　《尚書・堯典》：「肆類于上帝，禋于六宗，望于山川，于群神。」——吉禮
　　　《尚書・舜典》：「三載四海遏密八音」——凶禮
　　　《尚書・舜典》：「賓于四門」又「群后四朝」——賓禮
　　　《尚書・甘誓》：「左不攻于左，右不攻于右，御非其馬之正，汝不恭命，用命賞于祖，弗用命戮于社，予則孥戮汝」——軍禮
　　　《尚書・堯典》：「釐降二女于媯汭，嬪于虞。」——嘉禮
〔註4〕見溫丹銘，〈殷卜辭婚嫁考〉：「余合諸家所舉文觀之，而知殷代王室婚制，有

－53－

然周代婚禮之完備又非一蹴可幾。今試就卜辭所見，作一探究。

一、擇　婦

　　庚寅卜𣪊，王品后，个，二月。　　　　　　　　　新三五

溫丹銘云：「董氏以此入祭類，蓋本羅氏釋王賓品，謂品爲祭名，不知品實爲品牲牢之稱，蓋選牲也。類此，如賓羹則爲祭品，賓伐則爲樂舞，可知其非祭名也。品有選義。則此爲選后可知。選后之制，後世有之。不見于經籍，觀此則商代已行，或至周而廢乎。癸巳適後庚寅三日。个字他處多在牲牢上，當與用字同義，或即爲用字別文，蓋選定後三日，或納聘，或告廟，文簡不能瞭也。」〔註6〕胡厚宣認爲此說爲選后之典，非是，品乃祭名；〔註7〕陳直疑品爲籩豆之祭：「卜辭有品祭，於古無徵，按《禮記・郊特牲》云：『鼎俎奇而籩豆偶，陰陽之義也。籩豆之實水土之品也，不敢用褻味而貴也，品所以交於神明也。』……卜辭品祭疑爲籩豆之祭。」〔註8〕品字於卜辭中多作祭名，未有用作選擇義者，如：

　　己未卜，貞：王賓。品亡尤。　　　　　　　前一・三五・二

　　丁酉卜，兄貞：其品后（司）在茲。　　　　後下一〇一

　　貞：其品司于王。丁酉卜，兄貞：其品后（司）在茲。

　　　　　　　　　　　　　　　　　　　　　　後下九一三

選后之禮，有迎后之禮，有廟見之禮，有饗后用樂之禮。其取女嫁女也，必于諸侯之國，其嫁女也，有姪娣爲媵。其往也，必用饗，其婚嫁也，或且舉行觀稼田獵之典。」《中山大學文史學研究所月刊》第一卷五期（民國22年5月）：四二五。

〔註5〕溫氏之說有些顯然是出於誤解：如妾字在商代本可作配偶義，而誤爲「妾制」。「品」於卜辭中多作祭名，而誤爲選后之典。「帚」即婦，婦某者爲商王或諸侯之配偶，而誤帚爲歸，假爲「于歸」之義，於是「帚媒𤔲」本貞婦媒之生產，而以爲迎后於諸侯之國。「帚好出子」，本貞婦好之有子，而以爲之子于歸。「余弗其子帚姪子」本貞是否收留婦姪所生之子，而以爲嫁女以姪娣爲媵。「乎帚好往饗」本貞問讓婦好主持祭祀之辭，而以爲嫁女舉饗以送，迎后行酓飲之禮，且用伐舞以樂之。「帚妌受黍年」，本貞婦妌的年收成，而誤爲嫁時舉行觀稼田獵之禮。並參見胡厚宣，《甲骨學商史論叢》初集上，頁115。

〔註6〕同註4，頁425～426。

〔註7〕同註5，頁115。

〔註8〕見陳直，《殷契賸義》，頁2。

　　　　庚寅卜，衒，王品后（司）癸、子不，二月。　甲二四一

后與祀同爲匣紐，故得假借爲祀，「王品后」后假爲祀，〔註9〕非指商王選后。

　　　卜辭又有言「逆某」者，如：

　　　　癸亥卜，勹逆女？逆以子往？勹娥？先日逆？先日何？勹逆娍？勹逆

　　　　姒？勹逆妯？勹何姓？　　　　　　　　　　　合集二二二四六

　　　　戊寅，余卜貞：勹婦妥？　　　　　　　　　續八・八・三

逆字甲文作𣄐（前四・二四・一）、𣄏（前四・五三・二）、𣄏（前五・二六・

五）、𣄏（戩十一・十三）卜辭用之有三義：其一爲地名，如《前》四・五三・

二：「甲戌卜，☐曾角取茪銘？」亦即言曾前往茪地奪取銘秝。其次爲人名，

如《甲》二〇一一：「癸亥卜，逆貞：旬亡田。」逆爲貞人。其次又作迎辭解，

如《後上》十六・十一：「辛丑卜，殷貞：呂方其來。王勿逆大伐。」即呂方

來襲，占卜王是否需要迎擊？又勹字，《說文》亡部云：「勹，气也。」注云：

「气者，雲气也。用其聲假借爲气求、气與字。」林澐以爲《合集》二二二

四六片，是一組擇婚的占卜「第一小段是遣使向逆、何兩族分別『納采』以

前所卜。第二、三兩段是在『問名』之後，再進行撰擇，以便決定哪個族的

哪一名女子，好進而『納吉』。」〔註10〕從卜辭中「先日某」的情況看來，非

必侷限在「哪個族的哪一名女子」，可能是先後娶多名女子，而爲商王「一夫

多妻」現象的反映。故《合集》二二二四六、《續》八・八・三兩卜辭所體現

的禮制是先貞問，然後派出使人疏通雙方關係。〔註11〕

　　　問名者，將歸卜其吉凶，故占卜適不適合作王妻，貞卜不吉，遂不得爲

王婦，如卜辭云：

　　　　貞：弗王乍王妻？　　　　　　　　　　　後下三八

二、嫁　娶

　　　杜佑在敘述「六禮」形成前，中國婚禮之演變過程爲：「夏親迎於庭，殷

親迎於堂」，〔註12〕則是夏商時已有迎親之禮。卜辭中有云「取某」者，如：

〔註 9〕 參見金祥恆，〈釋后〉，錄於《中國文字》第十冊（台北：臺大文學院，民國
　　　　51 年 12 月），頁 5。

〔註10〕 見林澐，〈從武丁時代的幾種「子卜辭」試論商代的家族形態〉，頁 329～330。

〔註11〕 參見陳戍國，《先秦禮制研究》，第一版（湖南：湖南教育出版，民國 80 年 12
　　　　月），頁 176。

〔註12〕 見《通典》卷五八。

乎取女于林。　　　　　　　　　　　　　乙三一八六

允其取妾。　　　　　　　　　　　　　　乙七一六一

辛丑卜，爭：勿乎取奠女子？

辛丑卜，爭：乎取奠女子？

辛丑卜，爭貞：取子🔲？

辛丑卜，爭貞：勿取子🔲？　　　　　　丙二六四

丙子卜，宙貞：奠娃不氏？貞：其壴？七月。丙子卜，宙貞：翌丁丑娃至？七月。丙子卜，宙貞：翌丁丑，奠至？七月。

　　　　　　　　　　　　　　　　　　甲三四〇四

取，甲文作🔲（甲二〇二）、🔲（甲一五八一）、🔲（乙一五四）、🔲（鐵二〇八‧一）、🔲（鐵二四九‧一）。《說文》云：「取，捕取也。」象以手取耳之形。典籍中取多作娶義，乃娶字之初文，如《禮記‧雜記》：「父小功之末，可以冠子，可以嫁子，可以取婦。己雖小功，既卒哭，可以冠，取妻。」又《詩‧國風‧伐柯》：「取妻如何？匪媒不得。」於卜辭，「取」則有作祭名者，卜辭所見「取」字下常繫「屮雨」，陳夢家以爲是求雨之祭，〔註13〕如《粹》二八：「癸酉卜：其取嶽，雨？」；有作進貢義者，如《續》五‧六‧九：「癸酉卜，宙貞：呼伲取虎于殺鄙。」；有作捕取義者，如《乙》三一〇八：「丁酉卜，殻貞：呼🔲從韋取逆臣。」又有假爲「娶」字者，如張秉權於《丙》三三二考釋云：「取當爲娶字相通」〔註14〕《丙》二六四即反復貞問可否取鄭國的女子？貞卜的後續動作便是「迎接」。《甲》三四〇四中壴有艱難義，似乎是鄭國欲送娃姓女子來，其中恐有波折而久不至，故有是卜。

　　婦死後有可能再許配給上帝或先祖作爲「冥婦」，〔註15〕卜辭有文：

貞：隹唐取帚好？貞：隹大甲？隹且乙？貞：隹唐取帚好？帚好屮取上？貞：帚好屮取不？貞：隹且乙取帚？　　合集二六三七

己卯卜，宁貞：隹帝取帚好？　　　　　合集二六三七

貞：帚好屮取上？隹大甲取帚？貞：帚好屮取不？貞：隹且乙取帚？

隹父乙？己卯卜，宁，王占曰：上隹甲？　　庫一〇二〇

〔註13〕見陳夢家，《殷墟卜辭綜述》，頁355。

〔註14〕參見張秉權，《殷墟卜辭丙編考釋》中集二，頁400。

〔註15〕姚孝遂認爲先王娶婦是娶冥婦之禮。見《吉林大學社會科學學報》1963年第四期，頁79～82。

《庫》一○二○中「取婦」之義又有他說，嚴一萍即以爲「此言婦好有物供先祖」。〔註16〕因爲《儀禮‧鄉飲酒禮》云：「賓言取」，疏：「尊者得卑者物言取」，又《韓詩外傳五》：「君取於臣曰取」。卜辭中取字作祭祀用時爲求雨之祭，顯然非「有物供先祖之祭」；又所謂「君取於臣曰取」，其義近於卜辭進貢之文，取字下多接貢物，未有「先王某取某」之文者，疑於此非作此解。上列卜辭中，「上」即指天神上帝，帝之稱謂在武丁時期仍專指上帝，人王稱帝是武丁以後之稱謂。「婦好虫取上？」乃占問上帝要娶婦好嗎？「婦好虫取不」乃占問是否娶了婦好？「冥婚」占卜娶婦好者，除上帝外，又有大乙、大甲、且乙及武丁父小乙，可能是婦好究竟給誰作冥婦尙未定案，是以反復占卜。武丁所以把自己最親近的妻子婦好嫁給上帝或祖先作冥婦，是想「通過婦好生前與他的密切關係而求得上帝或著名的祖先對自己的福佑」。〔註17〕

　　卜辭中又有「來帚」者。歸字甲文作、、、。葉玉森云：「字從止，蓋謂師已歸止，植兵於架，表師還意，當即初文歸字。小篆從𠂤從止，猶協古義，![字形]與![字形]形近後世譌爲![字形]爲![字形]，復省作![字形]，乃通假爲歸。」〔註18〕將來帚解爲來歸，白玉崢氏斥之爲鑿空、形誤且糾纏他字，其分析各期甲文歸字，除第三期貞人𡉈會寫過![字形]外，其餘諸形頗乏變化，未有省止作帚者。〔註19〕《春秋‧莊公二十七年》曰：「冬，伯姬來。」《公羊》：「其言來何？直來曰來，大歸曰來歸。」注云：「大歸者，廢棄來歸也。」《左傳》：「歸寧也。凡諸侯之女，歸寧曰來，出曰來歸。」卜辭中之來某是否亦復如此？首先就來字於卜辭之用法觀之。來字甲文作、、、、像麥形，卜辭中多不用本義。單獨言「來」者多爲納貢義，如：

　　　　甲辰卜，![字形]貞：今三月光乎來？王占曰：其乎來，气至，隹乙。旬虫二日乙卯，允虫來自光，氐羌芻五十。　　　　　　珠六二○

〔註16〕見嚴一萍，〈婦好列傳〉，錄於《中國文字》新第三期，初版（美國：藝文印書館，民國73年3月），20。

〔註17〕又參見王宇信、張永山、楊升南，〈試論殷墟五號墓的「婦好」〉，《考古學報》1977年第二期，頁19。

〔註18〕見葉玉森，《說契》。

〔註19〕參見白玉崢，《契文舉例校讀》，初版（台北：藝文印書館，民國77年3月），頁248～249。

甲辰卜，殼貞：妾來白馬？王占曰：吉。其來馬五。　　丙一五八

貞：妻來牛？弗其來牛？　　　　　　　　　　　　　　丙七四

我來十，殼。　　　　　　　　　　　　　　　　　　乙二三〇六

𢀖來十。　　　　　　　　　　　　　　　　　　　　乙八〇七八

來馬、來牛、來龜，均爲進貢之記載。至於「某來」者，如：

己酉卜，旨方來告于父丁。　　　　　　　　　　　　甲八一〇

己未卜，□貞：缶其來見，一月。　　　　　　　　　丙一二四

缶不其來見？缶不其來王？　　　　　　　　　　　　乙五三九三

《詩·商頌·殷武》有云：「昔有成湯，自彼氐羌，莫敢不來享，莫敢不來王，曰商是常。」鄭箋「來享」、「來王」云：「遠夷之國來獻來見」，凡言某來者皆作來朝或來歸講。〔註20〕

　　非王無名組卜辭中有「婦入」之記載：

婦入戊？叀（唯）丁入？

婦叀（唯）己入？戊入？　　　　　　　　　　　　　乙八八一〇

彭裕商以爲「婦入」乃指異族之女來歸。〔註21〕丁山云：「女子的來，或者是『歸寧』，或者是被丈夫遺棄，與男性的來，涵義又大不同。」〔註22〕上述來婦、入婦諸辭，是否有別於男性的來、入？尚存疑，有待進一步考證。卜辭屢言「婦好其來」（京一九八五）、「帚井來」（乙七四二六），婦好、婦井爲武丁之妻，其所以言來、言入，當是由於其於商畿外有封地之緣故，此類卜辭則可以確定非當歸寧講。

　　典籍中提及嫁女者，如《易·泰》：「帝乙歸妹，以祉，元吉。」《歸妹》：「帝乙歸妹，其君之袂不如其娣之袂良，月幾望，吉。」帝乙歸妹，所歸何處？顧頡剛認爲《易經》中之「帝乙歸妹」與《詩經》中之「文王親迎」是一件事：〔註23〕

摯仲氏任，自彼殷商，來嫁于周，曰嬪於京。乃及王季，維德之行。

大任有身，生此文王。……文王初載，天作之合，在洽之陽，在渭

〔註20〕見丁山，《甲骨文所見氏族及其制度》，頁14。

〔註21〕見彭裕商，〈非王卜辭研究〉，頁70。

〔註22〕同註20，頁13。

〔註23〕參見顧頡剛，〈周易卦爻辭中的故事〉，《燕京學報》第六期（民國18年12月）：977～980。

之淇。文王嘉止，大邦有子。大邦有子，俔天之妹。文王厥祥，親

迎于渭。造舟爲梁，不顯其光。有命自天，命此文王，于周于京。

纘女維莘，長子維行，篤生武王。保右命爾，燮伐大商。

王季之妃太任爲文王母，娶自殷商。其次，周屢稱商爲大邦殷，自稱爲小邦周，〔註24〕此詩之「大邦」當是指殷商。《周易》一再提及帝乙歸妹，此可能與所嫁之對象爲文王有關。

三、媵

商代奴隸陪嫁現象已見諸史策，其中最著名者爲伊尹，《楚辭・天問》云：

成湯東巡，有莘爰極。何乞彼小臣，而吉妃是得？水濱之木，得彼

小子。夫何惡之，媵有莘之婦？

伊尹生空桑之傳說頗多，《呂覽・孝行》：「有侁氏女子採桑，得嬰兒於空桑之中，獻之其君，其君令人養之。察其所以然，曰：其母居伊水之上，孕，夢有神告之曰臼出水，而東走，毋顧。明日，視臼出水，告其鄉，東走十里而顧，其邑盡爲水，身因化爲空桑，故命之曰伊尹。」故「水濱之木，得彼小子」指的是伊尹。爲何湯乞伊尹，卻得吉妃？爲何伊尹爲有莘氏之媵臣？《呂覽・孝行》云：「湯聞伊尹，使人請之有侁氏，有侁氏不可。伊尹亦欲歸湯，湯於是請娶婦爲婚，有侁氏喜，以伊尹媵女。」是以湯之婚於有莘，主要是爲了得到伊尹。陪嫁之制，卜辭所見者，如：

丁巳卜，弃多宰于柄。丁巳卜，勿弃多宰于柄。　乙八二六＋二〇〇

五＋二一三七＋二一三八＋二一六八＋二四五一＋五四三一＋七一三

二＋七一六〇＋七三七七

宰爲奴隸之專稱，〔註25〕「弃多宰」即是陪嫁一批奴隸之謂。〔註26〕

第二節　產子禮儀

一、求　生

〔註24〕如《尚書・召誥》：「天既遐終大邦殷之命」《顧命》：「皇天改大邦殷之命」《大誥》：「興我小邦周」。
〔註25〕散見郭沫若，《甲骨文字研究・釋臣宰》。
〔註26〕參見鄭慧生，《上古華夏婦女與婚姻》，頁 132。

　　卜辭所見求生之祭均由王主持，顯見其對於多子嗣之重視。求生者，《玉篇》、《集韻》並云：「生，產也。」卜辭中所謂求生亦即占卜能否生育，以及何時能受孕。求生的場所爲王之宗廟，如：

　　　　戊辰貞：其蠢生于妣庚、妣丙，在且乙宗。　　乙三四○八二

此卜辭求生的地點在祖乙宗。至於求生的對象則有別於周人，《詩・大雅・生民》云：「生民如何？克禋克祀，以弗無子。」箋云：「弗之言祓也。姜嫄之生后稷如何乎？乃禋祀上帝於郊禖，以祓除其無子之疾，而得其福也。」周人求生之對象爲上帝或郊禖，〔註27〕卜辭中所見商人求生的對象則爲先妣，如武丁卜辭《乙》一七四○求生於五妣：「戊申卜：生五匕于匕父丁。」五匕，即五妣。此五妣所指爲何人？《乙》四六七八有文：〔註28〕

大甲配　──　于匕辛

大庚配　──　于匕壬蠢生

大戊配　──　乙未卜于匕壬蠢生

中丁配　──　于匕己

祖乙配　──　于匕癸

五妣當是大甲配妣辛、大庚配妣壬、大戊配妣壬、中丁配妣己與祖乙配妣癸。卜辭時見求生之問，如：

　　　　□，貞：其求生于高□。　　　　　　　　前一・三三・三

　　　　辛巳，貞：其求生于妣庚妣丙牡牝白豕。　　拾一・一○

　　　　□，貞：□求生于□庚妣丙□牞牝。　　　　粹三九六

　　　　癸未，貞：求生于妻妣庚。　　　　　　　　外四六

　　　　癸未貞：其求生于高妣丙。　　　　　　　　合集三四○七八

　　　　□辰，貞：其求生于祖丁母妣己。　　　　　合集三四○八三

　　　　辛巳貞：其求生□妣庚□牝□。　　　　　　合集三四○八四

　　　　癸未貞：□求生于□妣庚。　　　　　　　　合集三四○八五

「求生」或言「祝生」，如：

　　　　貞：王祝生。　　　　　　　　　　　　　　後下一一二

　　求生之祭用酒用牲，牲有牝有牡。商人求生後，又貞受生，求而有子曰

〔註27〕郊禖亦即爲高禖，顏師古曰：「禖，求生之神。」又《玉篇》：「禖，求子祭。」
〔註28〕參見陳夢家，《殷墟卜辭綜述》，頁493～494。

受生、有子；如卜辭云：

　　辛丑卜，㱿貞：帚好有子，二月。

　　辛丑卜，亘貞：王占曰：好有子，邡。　　　　　珠六二〇

　　庚子卜，㱿貞：帚好㞢子。三月。　　　　　　鐵一二七・一

　　貞：帚㽞又子。　　　　　　　　　　　　　　前八・三・五

　　戊子卜，貞帚𠛷有子　　　　　　　　　　　　乙四五〇四

　　甲戌，余卜貞：又子。　　　　　　　　　　　後下四二・七

　　貞：帚妹㞢子。　　　　　　　　　　　　　　前三・三三・八

　　□畢至允□妾𡐛㞢子。　　　　　　　　　　　前四・二五・八

《珠》六二〇二月辛丑日先問婦好是否懷孕有子息？同日換貞人再問，卜兆顯示婦好有子，於是舉行邡除災之祭。

二、卜 娩

　　懷孕的過程中，又有占卜孕婦之平安；卜辭中有貞問「婦某生保」、「婦某身」是否平安者，如：

　　丙申卜，㱿貞：婦好身弗氏婦死。

　　貞：婦身其氏婦死。　　　　　　　　　　　　丙三四〇

　　己卯卜，㱿貞：𡻕父乙帚好生保？　　　　　　珠五二四

身者，《詩・大雅・大明》曰：「乃及王季，維德之行，大任有身，生此文王。」傳云：「身，重也。」疏云：「身中復有一身故言重。」「身」即懷孕義。第一例即貞問婦好懷孕，不至於死亡吧？第二例「生保」猶言保生，如《詩・商頌・殷武》：「以保我後生」，孔疏云：「以保守我後嗣所生子」又朱注云：「我後生謂後嗣子孫也」，故第二例為占卜婦好胎兒之平安。

　　從懷孕後的長期占卜中可知商人已略有預產期的概念，如下列卜辭：

　　婦好娩，不其放？王占曰：□不放。其放不吉。若茲，迺死。

　　　　　　　　　　　　　　　　　　　　　　　乙四七二九

　　甲申□婦好娩放？王占曰：其唯丁娩放，其唯庚娩弘吉。三旬有一日
　　甲寅娩，不放唯女。　　　　　　　　　　　　乙七七三一

　　辛未卜，□貞：帚妌娩嘉？王占曰：其唯帚娩放。庚戌娩放。三月。

　　　　　　　　　　　　　　　　　　　　　　　丙二五七

□□卜，骰貞：（婦）好娩，（不）其放？□五旬又□。

續四・三〇・四

甲申卜，骰貞：婦好娩放？王占曰：其爲丁娩，放，其隹庚娩，弘吉。

甲申卜，骰貞：婦好娩，不其放？三旬㞢一日甲寅娩，允不放。三旬

又一日甲寅娩，不放，隹女。　　　　　丙二四七

丁酉卜，宁貞：婦好娩放？王占曰：其隹甲娩，有希有□。

續四・二九・三

壬寅卜，骰貞：婦（好）娩放？王占曰：其隹□申娩，吉，放。其隹

甲寅娩，不吉，◎隹女。　　　　　　　乙四七二九

乙巳卜，骰貞：帚妌◎放帚放□　　　　後下三七・一

貞：翌庚寅帚好不其◎？一月。　　　　續四・二九・二

壬戌卜，賓貞：帚好◎放？　　　　　　佚五五六

甲子卜，骰貞：帚媟◎放？四月。　　　　續四・二八・四

□姓◎不其放？□月。　　　　　　　　佚四四五

　　據《乙》七七三一、《丙》二五七之卜辭，分別在貞卜後三十天及三十九
天才順利生產。又《續》四・三〇・四是武丁在婦好產前五十日預卜生產，《丙》
二四七卜辭云三十一日後分娩不嘉，《續》四・二九・三是在十八日前丁酉日
貞卜，《乙四》四七二九則是在產前十三日壬寅占卜。推測商人已略有預產期
的概念。〔註29〕所謂嘉或不嘉，如上例或有用作貞問生產是否安全順利者，
然而從「不放唯女」看來，嘉否似乎又指待產嬰兒之性別而言，生男爲嘉，
生女爲不嘉。胡厚宣云：「……及言不放者次數之多，知其決非泛指生育時難
產易產順利不順利之普通問題。女子生育或間有難產或不順利之事，固不至
若是其多也。」〔註30〕其以爲「不放」純指嬰兒之性別。然而就其所論反推，
「不放」之次數如此多，是否意味著生女之頻率相當高？故「放」字當有兩
種指涉：生產是否安全與嬰兒之性別。甲文「嘉」字作◎（乙一四二四），象
一跪坐婦女和一把耒形，耒爲耕田之工具，此字透顯出有一能夠勞動的兒子
是值得嘉許的事。正如《詩經・小雅・斯干》所言：「下莞上簟，乃安斯寢。

〔註29〕參見許進雄，《中國古代社會》，初版（台北：商務書局，民國77年9月），
　　　　頁306～307。又參見王宇信、張永山、楊升南，〈試論殷墟五號墓的「婦好」〉，
　　　　《考古學報》1977年第二期，頁11～12。

〔註30〕同註5，頁156。

乃寢乃興，乃占我夢。吉夢爲何？維熊維羆維虺維蛇，大人占之：維熊維羆，男子之祥；維虺維蛇，女子之祥。乃生男子，載寢之床，載衣之裳，載弄之璋。……乃生女子，載寢之地載衣之裼，載弄之瓦。」卜辭中所見商人之卜嘉或不嘉，正如同周人之占夢，由是知殷已有男重女輕之觀念。

卜辭所見卜娩對象除商王婦外，亦有子婦，如：

<table>
<tr><td>□寅卜，宁□：子商妾盂娩□月。</td><td>金五四八</td></tr>
<tr><td>丁亥卜，亘貞：子商妾盂娩不妨。</td><td>粹一二三九</td></tr>
</table>

上述卜辭是爲武丁子子商婦盂卜娩。

三、子　子

商人之子又必須經過貞卜的儀式方承認其爲子之身分，〔註31〕故卜辭有言「子子」、「弗其子」者，如：

<table>
<tr><td>己亥卜，王，余弗其子帚致子？</td><td>前一・二五・三</td></tr>
<tr><td>戊辰卜，王貞：帚鼠冥，余子。</td><td>前八・一二・三</td></tr>
<tr><td>貞：帚鼠冥，余弗其子？四月。</td><td>鄴下四〇・五</td></tr>
<tr><td>戊辰卜，㚸貞：勿🈲帚🈳子子？</td><td>前四・一・六</td></tr>
</table>

胡厚宣以爲「余弗其子婦姪子」即卜問是否把婦姪的孩子當成自己的孩子；依其說，則父子關係顯然處於不穩定的狀態，與商行一夫一妻（或一夫多妻）之婚制相抵觸。總的看來，「子子」之爲儀式的成分較大，正如同成年禮之爲儀式一般。

卜辭中可見商人子輩已命名者謂之子某，未命名前的幼子皆冠生母之名，以「婦某子」名之，將子繫於母名之下，如：

<table>
<tr><td>□午卜，□帚🈳子不死。</td><td>拾九・四</td></tr>
<tr><td>貞帚🈳子其死。</td><td>佚七五二</td></tr>
<tr><td>□🈳火帚姪子死。七□。</td><td>續四・二八・三</td></tr>
<tr><td>□貞旬亡□。旬□火，帚姪子死。</td><td>前六・四九・三</td></tr>
<tr><td>乙巳，子卜貞：帚敏子亡若。</td><td></td></tr>
<tr><td>辛亥，子卜貞：貞帚敏子日🈳若。</td><td>粹一二四〇</td></tr>
<tr><td>貞：妣己𡡛帚好子。</td><td>別二・六・一二</td></tr>
</table>

〔註31〕同註5，頁159。

　　□救子疾，不死。　　　　　　　　　　　　　　　鐵一六八‧一

在未命名前，從母親名子顯然有其必要。至於那些未通過「子子」程序子嗣之去向，〔註32〕則存疑，尚待探討。

四、命　名

　　《左傳‧桓公六年》曰：「子同生，以太子生之禮舉之，接以太牢，卜士負之，士妻食之，公與文姜婦命之。」子出生後則繼之以命名儀式。典籍亦見戰國時生子命名之卜，《楚辭‧離騷》云：「攝提貞于孟陬兮，惟庚寅吾以降。皇覽揆余初度兮，肇錫余以嘉名：名余曰正則兮，字余曰靈均。」肇即「兆」字，則屈子之名因卜兆而得。〔註33〕卜辭中常見婦某子生死之記載，如：

　　貞旬亡□旬有︻帚姓子死。　　　　　　　　　　前六‧四九‧三

　　婦好娩不其嘉？王占曰：□不嘉。其嘉不吉。若茲，迺死。

　　　　　　　　　　　　　　　　　　　　　　　乙續四七二九

此二辭爲嬰兒猝死或子死之例。由於襁褓中的孩童死亡率較高，是以家人通常經過一段時間，確定孩子能夠生存後，再予以舉行命名的儀式，如：

　　壬辰，子卜貞：婦郎子曰戠？婦女子曰稟？　　合二八七

　　辛亥，子卜貞：婦妥子曰禽，若？　　　　粹一二四○

　　帚敏子曰囝。　　　　　　　　　　　　　甲綴二八七

此二例則是占卜婦郎、婦女、婦妥之子各名爲戠、稟、禽，可否？武丁卜辭中有子戠（乙四八一七），即可能爲婦郎之子。卜辭中所見之命名貞問，相當於《禮記‧內則》所言子生三月之命名儀式：

　　父執子之右手，咳而名之。……夫告宰名，宰辯告諸男名，書曰某
　　年某月某日生而藏之，載告閭史，閭史書爲二，其一藏諸閭府；其
　　一獻諸州史，州史獻諸州伯，周伯命藏諸州府。

至於商人舉行命名儀式，究竟在孩童幾歲或幾個月舉行？則不得而知。〔註34〕

〔註32〕趙林以爲「就未曾被納入商王父系傳宗法下所形成的宗族團體，因此他（她）們身份唯一的辨識的依據便是他們的生母」，〈商代的雙宗法與交表婚〉，頁49。

〔註33〕參見饒宗頤，〈由《尚書》「余弗子」論殷代爲婦子卜命名之禮俗〉，錄於《古文字研究》十六輯（北京：中華書局，民國78年9月），頁159。

〔註34〕胡厚宣氏云：「『御帚鼠子于妣己，允㞢㞢』（續一‧三九‧四）此言婦鼠子也。婦鼠子祭於妣己，則其年齡，不能太小，由此可以推別殷人命名之年，

第三節 喪祭禮儀

祖先崇拜爲中國社會特有之現象，主要是以家族爲一祭祀單位；有鑑於此，Kulp 即依家族之祭祀功能而定出「宗教家族」的名詞來。〔註35〕儀式的宗教意義是：藉著再生存之初始行徑，爲存在重新奠基。〔註36〕中國人在祖宗崇拜儀式中的親族關係主要展現出三種面相：〔註37〕

（一）親子關係：包括撫養／供奉、疼愛／依賴、保護／尊嚴等。

（二）世系關係：包括家系傳承、財產承繼等權利義務。

（三）權力關係：包括分枝、競爭、對抗與併合。

此三者依情境的差異而各有不同強度的表達與呈現，再加以上古社會之主祭人物一方面是政治領袖、一方面又是某個親屬團體的代表，祭祖權和統治權遂密不可分，主祭人的雙重性格使得中國祖宗崇拜儀式極具多樣性與彈性，殷商社會即爲箇中的代表。商人的祖先觀念已很發達，祭祖的儀式亦頻繁，從祭祀形式的由繁而簡到晚期的制式現象，無形中說明了親族關係之演變。

一、卜葬地

卜辭中有生前爲自己或爲死者卜葬地者，如：

貞：余于商葬？	合集二一三七五
丙子卜㝢貞：令葬我于右𠂤骨告不死？	合集一七一六八
乙亥卜，爭貞：叀邑、並令葬我于右𠂤？一月。	
	合集一七一七一
丙子貞：王叀令葬我？	粹一二四七
□卯卜，爭貞：葬□□坙……	合集一七一七三
□□卜，爭□：☑徇（殉）□死	合集一七一六二

《合集》二一三七五之貞卜主體爲「余」，顯示是生前卜葬地。第二例所卜地點爲「右𠂤」，古以右爲上，可能是王陵或貴族基地。商代葬地的選擇十分嚴

與周人子生三月，乃命之名者不同。」同註5，頁159。

〔註35〕參見謝繼昌，《仰之村的家族組織》，頁 116。

〔註36〕參見 Louis Dupre、傅佩容譯，《人的宗教向度》，初版（台北：幼獅，民國 75年 12 月），頁 170。

〔註37〕參見李亦園，〈中國家族與其儀式——若干觀念的檢討〉，錄於楊國樞主編，《中國人的心理》，初版（台北：桂冠，民國 77 年 3 月），頁 48。

格，若於王朝服務則葬於王都，無則葬於己身之封地。〔註38〕《合集》一七一七三乃占卜有無野地可供選擇。《合集》一七一六三占卜殉葬之事。〔註39〕《粹》一二四七之「葬我」，蓋謂使🧍臨我氏之葬，〔註40〕《儀禮・士喪禮》所謂「君使人弔襚」、「國君贈禮」或源於此。〔註41〕其次，卜辭又有占卜葬日者，如：

　　　　貞：隹羽甲其🪦。　　　　　　　　　　　　　甲三三五八

🪦，張政烺釋爲埋，此辭是貞問在下一個甲日埋葬。〔註42〕

　　卜葬地似乎是中國墳墓風水儀式的前身。Freedman 以爲在中國墳墓風水中，子嗣有操縱祖先骨骸以達到其世俗欲望之嫌疑。〔註43〕但從卜辭中非但爲死者卜，亦有生人自卜的情況看來，尋找適合的葬地（風水）不僅衹是子孫的事，同時也是先人主動的要把自己的骨頭埋在好的地方；易言之，祖先和子孫是一體的，存亡與共。〔註44〕是以操縱祖先骨骸之行徑或有之（近代），卻非作爲理解中國人思維之正確途徑。

二、崇祖祭祀禮儀

　　《左傳・成公十三年》曰：「國之大事，在祀與戎。」於《禮記・祭統》更將祭列爲五經之首：「凡治之道，莫急於禮，禮有五經，莫重於祭。」注云：「禮有五經，謂吉禮、凶禮、賓禮、軍禮、嘉禮也。莫重於祭，謂以吉禮爲首也。大宗伯職曰：以吉禮事邦國之鬼神祇。」故言「祭者，教之本也」。卜辭所見祭祖禮儀可別爲兩類：一是祖甲、帝乙、帝辛時代盛行的周祭；一是見於各期不成系統的祭典，主要有單祭、合祭與特祭三種形式。卜辭所見商人合祭先王的情況有三種：數位直系先王合祭、數位旁系先王合祭及旁系先王羌甲與直系先王合祭。〔註45〕單祭和特祭則是以重直系、輕旁系的原則祭

〔註38〕 參見曹定雲，《殷墟婦好墓銘文研究》，頁28。
〔註39〕 參見王貴民，《商周制度考信》，頁6～7。
〔註40〕 同註20，頁113。
〔註41〕 同註11，頁153。
〔註42〕 見張政烺，〈釋因蘊〉，錄於《古文字研究》第十二輯。
〔註43〕 同註37，頁13。
〔註44〕 同註37，頁13。
〔註45〕 如：
　　　　自祖乙告祖丁、小乙、父丁。　　　　　　　屯南四○一五
　　　　貞：虫于陽甲、父庚、父辛一牛。　　　　　乙七七六七

祀。〔註 46〕卜辭所見先公高祖多用燎祭、禘祭；至於五種祭祀與枋祭，前者
為殷商晚期較具制度之祭祖形式，後者則為宗法制度發展下的產物；今就此
四種祭祀論述於後。

（一）燎　祭

卜辭中之「燎」祭是求雨、求年最多的一種祭祀。《說文》尞字：「柴祭
天也」《禮記‧祭法》：「燔柴於泰壇，祭天也。」《儀禮‧覲禮》：「祭天燔柴，
祭山丘陵升，祭川沉，祭地瘞。」《爾雅‧釋天》：「祭天曰燔柴」典籍皆謂燎
祭為燔柴祭天祭禮。在古人的概念裏，香氣是神聖的東西，古人相信神是依
靠焚燒犧牲時所發出的香氣過活，此亦即為此類宗教儀式存在之根據。〔註 47〕
典籍所見燎祭之對象僅及於天神，卜辭所見則否，其對象囊括自然神與先公
先王。商人用燎祭高祖夔和王亥二人，如卜辭云：

貞：燎于夔□？	前六‧十八‧二
□燎于夔□宰？十□月。	前六‧十八‧四
燎于夔，六年。	前七‧二十‧二
甲巳卜，古：燎于夔？	續一‧一‧一
其酚燎夔，不□？（以上祭夔）	粹六
貞：燎于王亥？	前一‧四九‧七
甲辰卜，殷貞：來辛亥燎于王亥卅牛？	後上二五‧十六
貞：燎□王亥五年？	林一‧九‧三
貞：燎于王亥九年？小吉。（以上祭王亥）	金六二四

此外，於先公先王亦有用燎祭者，如：

丁□卜，賓貞：求年于上甲，燎三小宰，卯三小牛？	續一‧三‧一
癸亥貞：其又彳于示壬，燎三小宰？	續一‧六‧二
癸亥卜，率貞：其屮于示壬，燎？	前一‧一‧一
甲□卜，貞：王賓且甲燎，亡尤？	燕二七五
且甲燎，其至父丁？	甲七二九

己丑卜，大貞：于五示告：丁、祖乙、祖丁、羌甲、祖辛。　粹二五〇

〔註 46〕參見常玉芝，〈論商代王位繼承制〉，《中國史研究》1992 年第四期，頁 62～
　　　　64。

〔註 47〕參見費爾巴哈，《宗教本質演講錄》，二版（台北：商務，民國 58 年 10 月），
　　　　頁 96。

卜辭中又有以「燎告」形式出現者，如：

　　貞：燎于王亥，告其比望乘？　　　　　　　珠三四〇

　　☐方初，從北**介**，弗戈？北**介**☐

　　☐貞：又來告（方出），從北☐，其燎告（于祖）乙父丁？　粹三六六

此為告先王有事之例，許進雄以為這是「接受封禪考積的報告」。〔註48〕封禪者，《禮記‧禮器》曰：「是故因天事天，因地事地，因名山升中于天。」注云：「謂巡守至於方獄，燔柴祭天，告以諸侯之成功也。」疏云：「正義曰……，此謂封禪也。太平乃封禪，其封禪必因巡守而為之，若未太平但巡守而已。其未太平巡守之時，亦燔柴以告至，故王制說天子巡守必先柴。」所以燔柴祭天，告諸侯之成功，有用「太平之治」以取悅天之意味，存在著畏天威的心理。至於卜辭中所告之對象為先王，基於血緣的聯繫而略減取悅之心態，是以征伐之事亦在祭告之列。

（二）禘　祭

　　《爾雅‧釋天》曰：「禘，大祭也。」又《禮記‧喪服小記》：「王者禘其祖之所自出，以其祖配之。」所謂「禮，不王不禘」，是禘祭專祭國君之始祖，故「有虞氏禘黃帝而祖顓頊，郊堯而宗舜；夏后氏禘黃帝而祖顓頊，郊鯀而宗禹；商人禘舜而祖契，郊冥而宗湯；周人禘嚳而郊稷，祖文王而宗武王。」〔註49〕是各祭其祖。帝祭先公先王者，如：

　　貞：帝于王亥？　　　　　　　　　　後上十九‧一

　　甲辰卜，宁貞：帝于☐？貞登王亥，羌？　後上二六‧五

　　帝于妣乙？　　　　　　　　　　　　乙五七〇七

　　癸未卜：帝下乙？　　　　　　　　　乙四五四九

　　乙酉帝伐自上甲。　　　　　　　　　南明五二〇

卜辭又有言「賓于帝」，如：

　　貞：咸賓于帝？

　　貞：大甲賓于咸？

〔註48〕許進雄云：「雖然殷代的燎祭沒有後世封禪的嚴肅，但後來的封禪卻非由祭不可。」參見〈說燎〉錄於《中國文字》第十三冊，（台北：台大中文系，民國53年9月），頁5右。

〔註49〕見《國語‧魯語四》卷四。

　　　　甲辰卜，設貞：下乙賓于咸？

　　　　貞：大甲賓于帝？

　　　　貞：下乙賓于帝？　　　　　　　　　　　丙三九

《楚辭・天問》曰：「啓棘賓商」，又《山海經・大荒西經》：「夏后開，開上三嬪于天」，知「賓」有配義，故「賓于帝」即意味「配於天」之義。由於年代相隔久遠，商人認爲這些先公先王死後當在上帝左右，對其亦用事上帝之禮事之，是以會產生「賓於帝」之概念。卜辭中「某賓于某」通常是卑賓於尊，〔註50〕如《丙》三三八：「父乙賓于祖乙？父乙不賓于祖乙？」父乙卑於祖乙，是卑者在前，尊者在後。商王之稱爲帝雖然是較後期的事，可是這種「祖先可以配天」的觀念顯然起源相當早。

（三）五種祭祀

　　《周禮・春官・大宗伯》：「以血祭祭社稷、五祀、五嶽。」注云：「玄謂：此五祀者，五官之神在四郊，四時迎五行之氣於四郊，而祭五德之帝亦食此神焉。」則五祀之對象是祭五行之神。《禮記・王制》云：「夫子祭天地，諸侯祭社稷，大夫祭五祀。」又《祭法》云：「諸侯爲國立五祀：曰司命、曰中霤、曰國門、曰國行、曰公厲。諸侯自立五祀。大夫立三祀：曰族厲、曰門、曰行。」所祭祀的對象則爲宮中之神。至於五祀的種類，《國語・魯語上》云：「凡禘、郊、宗、祖、報，此五者國之典祀也。」典籍所載五祭顯然與殷商之禮有別。

　　商人祭祖以翌、彡、祭、壹、劦此五祀之禮最完備，是一種很有系統的祭祀周期。此五種祭祀是按照先王先妣之世次、長幼、及位和死亡的順序而輪番祭祀，其入祭之原則有三：1. 先妣必須是直系先王的配偶才能被祭祀；2. 有配偶被祭祀的先王是直系先王，無配偶被祭祀的先王是旁系先王；3. 先王無論直系、旁系都同樣被祭祀。〔註51〕此五種祭祀之儀式，彡祭重在彭樂，翌祭重在舞羽，祭和壹二祭爲奉食之祭，劦祭則爲大合祭。〔註52〕「彡」和「翌」連續且單獨舉行，亦即在舉行此二祭的期間不舉行其他祀典的祭祀。而「祭」、「壹」和「劦」此三種祭典則是相互交疊舉行，有時舉行兩個祀典，

〔註50〕　參見張秉權，《甲骨文與甲骨學》，頁 373～374。

〔註51〕　見常玉芝，《商代周祭制度》，第一版（北京：中國社會科學出版社，民國 76年 9 月），頁 111～112。

〔註52〕　參見董作賓，《殷曆譜》上編卷三，景印二版（台北：中研院史語所，民國 34年），頁 16。

有時三個祀典同時舉行，這三個祀典組成一個祀組，所以五種祭祀實際上為三個祀組組成。整個祭祀是以翌——祭壹彡——劦的順序周而復始的舉行；每種祀典的祭祀周期的時間幅度均為十一旬，一個周期三十六旬；其雖以翌、祭壹劦、彡三個祀組之形式獨立進行祭祀，彼此間卻又有一定的聯繫。〔註53〕翌祭與祭壹劦祀組之聯繫，可由如下卜辭知之：

　　癸亥卜，貞：王旬亡𢵒？在十（二）月，甲申翌陽甲。

　　癸未卜，貞：王旬亡𢵒？甲申翌日祖甲。

　　癸卯卜，貞：王旬亡𢵒？

　　癸亥卜，貞：王旬亡𢵒？在二月，甲子祭大甲。

　　癸未卜，貞：王旬亡𢵒？在二月。　　　　　綜述二一・八

祭壹劦組與彡祭之聯繫，則由如下卜辭知之：

　　癸卯下，衸貞：王旬亡𢵒？在二月，甲辰劦日祖甲。

　　癸丑下，衸貞：王旬亡𢵒？在二月，甲寅工典其酌彡。

　　　　　　　　　　　　　　　　　　合集三五八九一

彡祀與翌祭之聯繫，則由如下卜辭知之：

　　（癸）亥王卜，貞：旬亡𢵒？王占曰：吉，在七月，甲子彡祖甲。

　　癸（酉王卜），貞：旬亡𢵒？王占曰：吉，在七月。

　　癸未王卜，貞：旬亡𢵒？王占曰：吉，在八月，甲申工典其劦。

　　癸巳王卜，貞：旬亡𢵒？王占曰：吉，在八月，甲午翌卜甲。

　　　　　　　　　　　　　　　　　　珠二四四

（四）祊　祭

　　殷商晚期，盛行對於近世直系祖先的特祭，所用之祭典為「祊祭」，祊祭卜辭於此時期佔相當的比重，反映重近親的祭祀於第五期已成為制度；〔註54〕然而即便是近世直系祖先仍有親疏之別，如祊祭卜辭除對武丁、祖甲、康丁、武乙、文丁五先王進行例行的祭祀外，又對武乙、文丁進行特殊之祭典。〔註55〕

〔註53〕祭祀周期，各家說法略有不同：董作賓認為五祀的一周期三十六旬和三十七旬為常例，二十五旬和三十八旬為變例；陳夢家認為一周期三十七旬；島邦男、許進雄、常玉芝皆認為有三十六旬和三十七旬兩種周期。本文採末說。同註51，頁139～216。

〔註54〕同註39，頁53。

〔註55〕同註51，頁304。

卜辭所見完整祊祭如下：〔註56〕

> 丙寅卜，貞：武丁祊，其牢？
>
> 癸亥卜，貞：祖甲祊，其牢？　　　　　　　安明二八九六
>
> 甲申卜，貞：祖甲祊，其牢？茲用。　　　　前一・三一・三
>
> 丙子卜，貞：康祖丁祊，其牢？羋。茲用。　前一・一○・三
>
> 丙辰卜，貞：康祖丁祊，其牢？茲用。　　　前一・二一・一
>
> 甲子卜，貞：武乙祊，其牢？茲用。　　　　安明二八九六
>
> 甲午卜，貞：武乙宗祊，其牢？　　　　　　合集三六○八五
>
> 丙戌卜，貞：文武丁宗祊，其牢？　　　　　掇二・八五

從武丁到帝乙、帝辛這時期的由繁到簡的祭祀演變體現出如下四點：

1. 對於自然神祇的祭祀逐漸減少，祭祀重心轉移至祖先。自然神中的「帝」亦從天上歸併到人間。

2. 祭祀用牲逐步減少。

3. 祭祀的形式化傾向。

4. 重直系、輕旁系，重近視、輕遠祖之趨勢。〔註57〕

商代前期著重祭自然神，後期則特重祭祖，尤其重視父輩的祭祀。前期卜辭之稱謂直稱父甲、父乙，後期則冠以康、武、文等美稱，稱爲康丁、武乙、文丁，演進至後期的以帝名王，反映王權的提高與神權體質的變化。〔註58〕

第四節　崇祖祭祀禮儀之本質與目的

《禮記・祭統》曰：「夫祭有十倫焉：見事鬼神之道焉，見君臣之義焉，見父子之倫焉，見貴賤之等焉，見親疏之殺焉，見爵賞之施焉，見夫婦之別焉，見政事之明焉，見軷長幼之序焉，見上下之際焉。」此所言之「祭」雖未必專指祭祖，但由其兼含人倫政治之範圍廣袤看來，應以祭祖爲主，因爲

〔註56〕口（祊），唐蘭釋作祊或報，王國維釋作丁，今從楊樹達，《積微居甲文說卜辭瑣記》，第一版（北京：中科院，民國43年5月），頁27。

〔註57〕同註39，頁51～53。

〔註58〕晁福林云：「武丁時期的帝，基本上是自然神，到了殷代後期則逐漸轉化爲人世間禍福的主宰，也說明了王權已經和神權相結合。」，〈試論殷代的王權與神權〉，《社會科學戰線》（民國73年4月）：101。

這各種關係即爲傳統教化之主要領域，而教化之功即彰顯於祀祖。〔註59〕

一、報本反始

　　從物我不分之自然崇拜階段到人與自然界分離的圖騰崇拜，再演進到人與自然統一的祖先崇拜，〔註60〕這一段歷史演程所凝聚出者，正如《禮記・郊特牲》所言：「萬物本乎天，人本乎祖，此所以配上帝也。郊之祭也，大報本反始也。」追祖溯源是人對於生命本質進行思索的一種外在形式，「報本反始」的意義就在於崇拜其生命之始；卜辭中所見商人對於先公遠祖的崇拜亦即立基於此，如：

　　　　貞：求年于夔，九年？　　　　　　　佚八八六

　　　　叀高且夔，祝用。王受又。　　　　　粹一

　　　　☐戌貞：其告夏☐于高且夔。　　　　粹二

　　　　求年于王亥？　　　　　　　　　　　京津六〇九

　　　　庚寅卜，隹夔圭禾？　　　　　　　　粹十一

　　　　季崇王？　　　　　　　　　　　　　前五・四〇・三

　　　　王亥圭雨？　　　　　　　　　　　　粹七五

對於夔、王亥等高祖，雖年代遠隔，仍以之入祭，即是基於報本反始之心理。

二、政治意義

　　《國語・楚語下》曰：「祀，所以昭孝息民，撫國家，定百姓者也。」又《禮記・中庸》曰：「明乎郊社之禮，禘嘗之義，治國其如示諸掌乎。」政治與宗教之關係密切，由來已久，商代亦復如此，如《國語・魯語》所謂「受命於廟，受賑於社」，亦即表明國君的統治權來自神靈，是以先民特重祭祀。殷商主祭人的雙重性格（見前），使得此時祭祀的主要作用集中在促進宗法團結與象徵政權之所在，其政治作用遠勝於道德意義。〔註61〕對生人來說，先公先王仍然存有，祇是改變其存在的方式：由物理的本質轉變爲被思想的本質。〔註62〕因此祭祖

〔註59〕參見韋政通，《中國哲學思想批判》（台北：水牛出版社），頁13。
〔註60〕參見王祥齡，《中國古代崇祖敬天思想》，初版（台北：學生書局，民國81年2月），頁26。
〔註61〕同前註，頁229。
〔註62〕同註60，頁88。

可以說是死者和家族聯繫的紐帶，其目的莫非是要將主體生命（人）與存在總體（祖宗）合而爲一，以建立一種水乳交融、休戚與共的關係。〔註63〕卜辭中可見，除了休咎禍福的占卜外，又有告於某祖者，如：

貞：告疾于祖丁。　　　　　　　　　　　前一・一二・五

癸巳卜，殼貞：子漁疾目，福告于父乙。　佚五二四

卜，賓翌庚子㞢告麥。允㞢告麥。　　　　前四・四〇・七

癸巳卜，㱿貞：告土方于上甲。　　　　　燕六八

告條于父乙。　　　　　　　　　　　　　續一・二八・三

最末一例，其時或子條已死，遂爲設告。就上可知，所告之事有：告疾、告農事（告麥）、告戰事。《禮記・王制》提及天子出征前必「造乎禰」，以示「受命于祖」，疏云：「受命於祖，謂出時告祖，是不敢自專，有所稟承。」又《白虎通義》亦云：「天子遣將軍必于廟何？示不敢自專也。獨于祖廟何？制法度者祖也。」子孫的一切得之於祖，因此生者的財產實際是死者的財產，〔註64〕不敢自專之涵意盡於此；此爲商人與其先祖休戚與共情懷之於政治舞臺上的展現。

　　殷商凡事皆卜的現象容易給人「神權統治」之印象，然而從所有的活動均由王透過占卜之形式以尋求上天（神、祖先）的啓示看來，人是基於主控的地位，並非消極被動。同時，由於「祖先的一切功德全繫於生人對其自身本質的展現，生人尊奉祖先爲神，只是爲了滿足人理性的需求」，〔註65〕所以生人使祖先神化之同時亦使得自己神化；易言之，殷商時代祖宗權威被神化之同時，實際上亦進一步神化了王權。其次，藉由祭祀共同的祖先以維繫血緣紐帶，加強家族認同，所謂「親親故尊祖，尊祖故敬宗，敬宗故收族」，〔註66〕收族之作用乃爲達到家族之團結，同時又得以鞏固其政治地位。〔註67〕

〔註63〕此處的「存在總體」單指祖宗群而言。參見註60，頁25～26。

〔註64〕de Groot 論中國宗教時云：「生者的財產實際上是死者的財產；固然這些財產都是留存於生者這裏的，然而父權的和家制權威的規矩就意味著，祖先乃是一個孩子所擁有的一切東西的物主……」見卡西爾，《人論》，初版（台北：結構群，民國80年12月），頁133。

〔註65〕同註60，頁89～90。

〔註66〕見《禮記・大傳》。

〔註67〕參見朱鳳瀚，〈殷墟卜辭所見商王室宗廟制度〉，《歷史研究》（民國79年6月）：18～19。

三、宗教意義

　　從卜辭中可以看出，死者仍然繼續行使權威，保護家人、抑或作祟家人；對於這種現象，朱天順以為：「從中國上帝信仰的整個歷史來看，殷商的上帝信仰，還是處在比較初期的階段，這種上帝是消極、被動的祈求對象，它的神性主要是滿足人們提出的具體要求，人們還沒有把它當做主動支配社會命運的中心力量來崇拜。」〔註68〕對於殷商社會中之祖先崇拜來說亦復如是，祖宗之神威主要是透過人們對其所提出的具體要求而彰顯。卜辭中所見商王對祖先所提出之要求以求年（含求雨、求禾、求黍等……）最常見，其次則為王自身祈福、作祟方面之貞問，分述如下。求年者如：

　　　　癸丑卜，穀貞：求年于大甲十宰、祖乙十宰？　　後上二七·六

　　　　求年來，其卯上甲，⊐受年？　　　　　　　　　甲三五八七

　　　　丁丑卜，賓貞：求年于上甲燎三、宰卯三牛？三月。

　　　　　　　　　　　　　　　　　　　　　　　　　續一·三·一

　　　　貞：求年于示壬？　　　　　　　　　　　　　　外一八

　　　　貞：于示壬求年？　　　　　　　　　　　　　　京津五一六

　　　　貞：虫于大甲求年？　　　　　　　　　　　　　南明四七

　　　　于大甲求，王受年？　　　　　　　　　　　　　京津三八九五

求禾者如：

　　　　乙卯卜，貞：求禾自上甲六示牛小示羍羊？　　　甲七一二

　　　　己卯，貞：求禾於示壬，三牢？　　　　　　　　甲三二九

　　　　大乙求禾？　　　　　　　　　　　　　　　　　珠六六八

求雨者如：

　　　　□未卜，求雨自上甲、大乙、大丁、大甲、大庚、大戊、中丁祖乙、
　　　　祖辛、祖丁十世率牡？　　　　　　　　　　　　佚九八六

　　　　于上甲求雨？　　　　　　　　　　　　　　　　鄴一·三二·八

　　　　乙卯卜，穀貞：求雨上甲宰？　　　　　　　　　珠九二三

　　　　乙丑卜：于大乙求雨？十二月。　　　　　　　　金五二三

　　　　癸卯卜：求雨于示壬？　　　　　　　　　　　　鄴一·三二·八

〔註68〕見朱天順，《中國古代宗教初探》（台北：谷風出版社，民國75年10月），頁50。

祈福者如：

　　王其又于小乙羌五人，王受又？　　　　　　甲三七九

　　貞：求于上甲，受我又？　　　　　　　　　乙三三二五

　　□又大乙，王受又？　　　　　　　　　　　粹一四一

　　籠大乙又升，王受又？　　　　　　　　　　粹一四五

　　□大丁升伐，王受又？　　　　　　　　　　甲一九〇二

　　貞：大甲，受屮又？　　　　　　　　　　　乙七五一三

　　其又升祖乙，宰又一牛，王受又？　　　　　戩三・九

　　甲子卜：祭祖乙又𪔛，王受又？　　　　　　寧滬一・一

　　其又祖辛，王受又？　　　　　　　　　　　南明五七六

　　㞢其征羌甲，王受又？　　　　　　　　　　粹二五六

　　癸巳卜，大貞：其至祖丁祝，王受又？　　　甲一六五五

　　乙亥卜，登㞢三祖丁宰，王受又？　　　　　寧滬一・一九四

　　癸酉卜，貞：翌日乙亥王其又升于武乙祼正，王受又？

　　　　　　　　　　　　　　　　　　　　　　前一・二〇・七

貞問「降災」者，如：

　　上甲𡚱王？　　　　　　　　　　　　　　　乙三一八九

　　貞：上甲崇王？　　　　　　　　　　　　　林二・三・一五

　　上甲崇王？上甲弗崇？　　　　　　　　　　乙七〇二一

　　隹上甲𡚱雨？　　　　　　　　　　　　　　乙六二九九

　　大丁𡚱我？大丁不我𡚱？　　　　　　　　　合四〇五

　　櫹大甲其𡚱我？　　　　　　　　　　　　　文二七二

　　貞：王疾隹大甲？　　　　　　　　　　　　乙六六三八

　　貞：王疾不隹大甲？　　　　　　　　　　　合二一九

　　貞：外丙弗𡚱王？外丙𡚱王？　　　　　　　乙六七一五

　　乙亥貞：隹大庚作𡚱？大庚不乍𡚱？　　　　後上二二・五

　　□巳卜，㱿□：大戊崇王？　　　　　　　　林一・一二・一〇

　　貞：祖乙其𡚱王？　　　　　　　　　　　　乙三一八六

　　貞：祖辛不我𡚱？貞：祖辛𡚱我？　　　　　前一・一一・五

癸丑卜，彀貞：隹祖辛壱王禍？　　　　　　乙四五九三

貞：祖辛弗祟王？　　　　　　　　　　　　乙七九二八

甲子卜，貞：羌甲壱王？三月。　　　　　　後上三・一七

羌甲壱王？　　　　　　　　　　　　　　　乙二四九六

羌甲祟余？　　　　　　　　　　　　　　　京津一一四六

貞：祖丁壱王？　　　　　　　　　　　　　乙四三八五

　　對於先公先王權能之大小，陳夢家云：「在卜辭中王、妣、臣是屬於一大類的，先公高祖、河、王亥等是屬於一大類的。前一類對時王及王國有作祟的威力，後一類的祈求目的是雨和年（禾）。」〔註69〕總的來說有這兩類，但卻不可強爲區隔，先公高祖亦有祟王、禍王者。

〔註69〕同註13，頁351。

第四章　殷商家族之政經基礎

第一節　家族權力之來源——父系家長制

　　從母系氏族晚期開始，男女社會地位之變化及私有財產的出現，父權制逐漸取代母系制。母系氏族制與父系氏族制都是以生產公有制爲基礎，惟公有的範圍大小不同：母系氏族社會公有的範圍較大，父系氏族社會之公有範圍則較小。導致母系制過渡到父系制的原因很多，但重要關鍵在於經濟掌控權之轉移；而此一過渡主要是由一夫一妻制家庭來實現的，因爲社會結構的改變，財產集中於男子之手且傳給其所生之子女，因此「實行父權制的最終目的，是爲了生育自己的嫡親子女，以繼承自己的財產，并世代相傳。」〔註1〕

　　卜辭言及宗者，如：

乙亥王其彝于大乙宗——王于且乙宗彝	存一・一七八七
彝才中丁宗	續一・一二・六
才且乙宗卜	粹一二
彝才且辛宗	甲二七七一
才四且丁宗	甲二四〇一
于父丁宗	前一・二六・五
且甲舊宗	掇一・三九〇

〔註1〕散見宋兆麟、黎家芳、杜耀西，《中國原始社會史》，頁217～222。

才父丁宗卜	摭續六四
將兄丁于父宗	摭續二二三
且甲舊宗	掇一‧三九〇
才父丁宗卜	摭續六四
將兄丁于父宗	摭續二二三

均指先王而不及先妣，顯見是以父系為主的。經濟權移轉後，繼之而來者即為政治資源之重新分配。在初民社會，政教合一是一件很自然的事，《國語‧楚語》有言：

> 古者民神不雜。民之精爽不攜貳者，而又能齊肅衷正，其智能上下比義，其聖能光遠宣朗，其明能光照之，其聰能聽徹之，如是則明神降之，在男曰覡，女曰巫。

顯見早期之巫事為女子所特有。下至殷商，卜史之職多為男子，惟有求雨時方見女巫，誠然此時期之女巫已僅為「求雨舞雩的技藝人材，不復掌握宗教巫術的大權，至此男巫代興，而女權旁落已極。」〔註2〕此一時期之女權雖未必旁落已極，而政治權的移轉卻是事實。卜辭中每見妣繫於祖、母繫於父、子繫於婦，眾父中僅有一人地位較隆崇，而且祇有此一人之配偶得並享隆崇的地位等看來，父系家長制為此期家族之內部結構。

中國之「家長」概念首見於《墨子‧天志上》，其曰：「惡又處家而得罪於家長而為可也。」又《商君書‧墾令》亦云：「大夫家長不建繕，則農事不傷。」至於家長之權責，《墨子‧尚同下》云：「是故古者天子之立三公、諸侯、卿之宰、鄉長、家君，非特富貴遊佚而擇之也，將使助治刑政也。……家君得善人而賞之，得暴人而罰之。善人之賞，而暴人之罰，則家必治矣。」上述所見「家長」之概念均與政治統治相聯繫，君權與父權宛如一體，不容分割。〔註3〕父系家族家長的權力主要表現在兩方面：對內支配家族的財產、對外代表家族。前者可由家族長名號與族氏相同的情況看出，後者則可就族長有權賞賜財產中看出。如彝銘有云：

> 甲寅，子賞小子省貝五朋，省揚君賞，用作父己寶彝，冀。
>
> 三代十三‧一八卣

〔註2〕參見陳夢家，〈商代的神話與巫術〉，《燕京學報》第二十期（民國25年）：533。

〔註3〕參見王玉波，《歷史上的家長制》（台北：谷風出版社，民國77年6月），頁1～2。

　　　　子光商（賞）小子啓貝，用作文父辛尊彝。　　三代十一・三一尊
此爲晚商銅器銘文中，子賞賜小子之記載。子爲家族長，小子省爲分族的族
長；子這種賞賜的動作，顯見其對於財產有支配之權力。第一例銘文中之「省
揚君賞」，小子省稱子爲君，此意味著「家族成員與族長之間存在著血緣與政
治一體化的臣屬關係」。〔註4〕

第二節　殷商家族之政治基礎──王、婦、子之間的權力互動

　　所謂家族政治形態即是指家族長對於家族的治理與整個家族群體非經
濟性的社會活動。家族政治形態可以透顯出同一階級內部的不同等級關係。
〔註5〕故於政治上，家族或宗族透過血緣關係的規範，運作著相互依存的政
治倫理。〔註6〕

一、王對諸封國之權力授予

（一）諸婦之政治地位

　　婦女政治地位的展現莫過於軍隊統帥權，〔註7〕卜辭可見商代婦女有權擁
有自己的軍隊，並有權指揮將領；此中最具代表性者爲婦好，如：

　　　　辛巳卜，□貞：登帚好三千，登旅萬，乎伐羌？　　庫三一〇

　　　　壬申卜，爭貞：令帚好從沚馘伐𢀛方。受𡘜又。　　粹一二三〇

　　　　□午卜，宁貞：王叀帚好令征□𝄞。　　　　　　　佚五二七

　　　　貞：王命帚好從侯告伐人。　　　　　　　　　　乙二九四八

從字訓「使隨行」，釋「率領」。〔註8〕《粹》一二三〇命令婦好率沚馘征伐𢀛

〔註4〕　參見孫曉春，〈試論商代的父系家族公社〉，《史學集刊》（民國80年3月）：
　　　　12。

〔註5〕　參見朱鳳瀚，《商周家族形態研究》，頁163。

〔註6〕　王之妻、子與諸侯之配偶皆可稱婦（參見第二章第三節），此處採習慣用法，
　　　　王之妻仍以諸婦名之。

〔註7〕　鄭慧生以爲《尚書・誓典》云：「古人有言，牝雞無晨，牝雞之晨，惟家之索。
　　　　今商王受，惟婦言是用。」「惟婦言是用」說明婦女在政治上有一定的發言權，
　　　　其意見仍受到相當的重視。然《尚書》所指，誠爲特例，本文姑且不擬採用。
　　　　參見《上古華夏婦女的婚姻》，頁135。

〔註8〕　參見楊樹達，《積微居甲文說卜辭瑣記》，頁22。

方，沚戜、望乘、𢀛正化爲武丁時代之三大武將，沚戜居其一，此刻亦得接受婦女指揮，可見婦女權能之大。〔註9〕又婦好墓出土物中青銅器兵器有一百三十餘件，此中有銅鉞四件，二大二小，大者通長三十九點五、寬三十七點三厘米、重九公斤，上鑄有「婦好」字樣，此種銅鉞爲威嚴與權力之象徵，是武將出征時王所親賜之物，〔註10〕《淮南子・兵略記》即有賜斧鉞之儀式：「凡國有難，君自宮召將而詔之曰：『社稷之命在將軍身，今國有難，願子將而應之。』……主親操鉞持頭，授將軍其柄……」其次，青銅戈九十餘件，包括直內式、磐折曲內式、曲內歧冠式和鑾內式等。〔註11〕所列種種雖未必盡是婦好之物，至少大銅鉞是婦好隨身用品；以兵器陪葬，亦可顯示其於軍事方面之權能。

所謂「國之大事，在祀與戎」，主祭者之重要性自不可言喻，而卜辭可見商婦亦有參預祭祀之準備工作者，如：

　　□帚好示五。　　　　　　　　　　　乙六九二九

　　帚妌示五屯。　　　　　　　　　　　林一・一八・二

　　甲寅，帚見，冟示七屮。𢀛。　　　　甲二八一五

「示」字，陳夢家以爲乃指「鑽鑿之事，而往往由婦任之」，〔註12〕胡厚宣則認爲是祭龜，〔註13〕二說雖不盡相同，但皆認同「示」爲占卜前的準備工具，而這工作往往由婦擔任。《甲》二八一五中之婦見爲武丁諸婦之一，〔註14〕冟則爲武丁時之武官，〔註15〕此辭謂婦見與冟共同卜骨。又卜辭可見諸婦主祭之例，如：

　　貞：翌乙卯，勿乎帚好屮父乙？　　　　續存一・四八

　　乙卯卜，宁貞：乎帚好屮于妣癸？　　珠六二〇

從國之大事之祭與戎婦皆參與的情況看來，此刻女權雖處於旁落之地位，較

〔註9〕　參見故厚宣，《甲骨學商史論叢》初集，頁54。

〔註10〕　參見嚴一萍，〈殷商兵志〉，錄於《中國文字》新七期，初版（藝文，民國72年4月），頁44。

〔註11〕　參見中社科考古研究所編，《新中國的考古發現和研究》，第一版（北京：文物出版社，民國73年5月），頁229。

〔註12〕　見陳夢家，《殷墟卜辭綜述》，頁18。

〔註13〕　胡厚宣，〈五種記事刻辭考〉，錄於《甲骨學商史論叢》續集下。

〔註14〕　參見屈萬里，《殷墟文字甲編考釋》二八一五。

〔註15〕　同註12，頁508。

之後代，仍可睥睨一時。

（二）諸子之政治地位

　　子卜辭所展現的子族狀態是：「有自己的族邑和城垣，擁有自己的家族成員、臣吏和奴隸以及武裝，有土地耕作收成，有畜牧業。」〔註16〕各家族均有自己的武裝活動，對外征伐所得之戰俘，可作為奴隸和人牲，如：

　　　　癸巳卜，獲妥？　　　　　　　　　　　乙八九五八・八七二二

　　　　癸巳，余卜：印牵𢁦，弗獲……　　　　前八・一二・一

此外，子亦有呼令他人的權力，如：

　　　　庚戌卜，貞：余令阞從羌田，亡囚？　　　乙四六九二

　　　　甲申卜，令豚宅正？　　　　　　　　　　乙八八九三

　　　　庚戌，令犾，惟來？犾以龜二，若令。　　前八・八・三

上述三例之占卜主體為子，是知子有命令他人征伐與進貢之權力。其次，諸子亦有率領軍隊之權，如：

　　　　囗漁𤲃從。　　　　　　　　　　　　　　林一・九・一

　　　　子漁𤲃從。　　　　　　　　　　　　　　鐵二五三・二

此二辭例簡略，不知所從者為何人。又婦好墓中有三件器具鑄有「亞啓」銘文，計方彝一件，銅鉞兩件，〔註17〕前已述及銅鉞為權柄之象徵，而亞啓為武丁第四子，〔註18〕知其亦得掌兵權。正因為分支家族的力量頗大，商王常受其協助，所以常藉由封賞、宴射和祭祀來籠絡各分支家族，如《甲》三六〇：「叀多子饗？──叀多生饗」又《續》一・四九：「多生射？」等正足以說明。

　　子除有統領軍權外，亦有作王官者，如：

　　　　己卯卜，王貞：敔其取宋白丕敔囚，叶朕事，宋白丕從敔。二月。

　　　　　　　　　　　　　　　　　　　　　　佚一〇六

　　　　貞：勿曰侯奠。　　　　　　　　　　　　林二・七・二

子宋、子奠皆為武丁子，〔註19〕一為宋白，一為侯奠，知子亦有官居侯伯者。

〔註16〕見王貴民，《商周制度考信》，頁19。
〔註17〕參見曹定雲，《殷墟婦好墓銘文研究》，頁130。
〔註18〕同前註，頁25。
〔註19〕同註9，頁41、43。

二、諸封國對王之義務

（一）征　戰

王室武裝，其成員來源主要有兩方面，一是戰俘，其次則是從各家族徵調；卜辭中軍隊的來源即有「登人」、「𢓥人」之例，如：

登人三千乎孚？　　　　　　　　　　　　　　前六・三八・四

庚子卜，賓貞：勿登人三千乎伐𡇡方，弗其受有祐？　前七・二・三

貞：今春王伐𠱾方，登人五千乎𢓥？　　　　　前七・一五・四

丙子卜，永貞：王登人三千乎伐夐？　　　　　乙六五八一

辛巳卜，貞：登婦好三千，登旅萬，乎伐羌？（以上爲登人卜辭）

　　　　　　　　　　　　　　　　　　　　　　庫三一〇

甲申卜，㱿貞：乎婦好先𢓥人于龐？　　　　　前五・一二・三

□丑卜，㱿貞：令在北工𢓥人？　　　　　　　粹一二一七

貞：我𢓥人伐巴方？　　　　　　　　　　　　鐵二五九・二

貞：𢓥人乎伐𢀛？（以上爲𢓥人卜辭）　　　　丙四一

「登」字，董作賓以爲或作「𢓥」，釋爲徵兵之義：「殷代徵伐方國，必隨時『登人』，亦作『𢓥』，殆即徵兵之義，其登人以百、千、萬爲單位。」〔註20〕又楊樹達引王襄之說云：「登人疑即周禮大司馬比軍眾之事，將有征伐，故先聚眾。」〔註21〕「𢓥」字，屈萬里和李孝定均訓爲供給義，「𢓥人」以爲與「登人」有別，〔註22〕李孝定云：「以登徵古音同在登部得相通假，登應讀爲徵，如是，殷時或有臨時召募或徵兵制。」〔註23〕二者皆爲軍隊之來源，惟「登人之義爲徵召，而供人則爲提供與供給。」〔註24〕二說雖不同，而都與征戰有關。如《前》五・一二・三中之「龐」爲地名，是對商室有義務的部族、方國之一，〔註25〕此辭即是要婦好在龐這個部族徵集人員。商王對於各家族武裝之依賴，可能要到文丁，王作三師之後方降低；〔註26〕卜辭中作三師之辭，如：

〔註20〕見董作賓，《殷曆譜》下卷，頁705。

〔註21〕見李孝定，《甲骨文字集釋》，頁466。

〔註22〕見屈萬里，《殷墟卜辭甲編考釋》，頁182。及李孝定，《甲骨文字集釋》，頁780。

〔註23〕見李孝定，《甲骨文字集釋》，頁466。

〔註24〕見張秉權，《甲骨文與甲骨學》，頁420。

〔註25〕同註12，頁316。

〔註26〕見林澐，〈從武丁時代的幾種「子卜辭」試論商代的家族形態〉，頁331～332。

　　辛亥貞：□在祖乙宗。丁酉貞：王乍三𠂤，右中左。辛亥卜又于出日。
　　　　　　　　　　　　　　　　　　　　　　　　粹五九七

　　𠂤乃師之初文，或用為屯聚之意，此卜辭言作左中又三營以屯聚三軍。〔註27〕
作王師後，各家族於對外征戰上多處於協同之地位。子卜辭中所見各家族對外
作戰，多是受王命或協同王室作戰，如：

　　　　其征陕？不征陕？　　　　　　　　　乙四六九二
　　　　獲妾？　　　　　　　　　　　　　　乙八七二二
　　　　不喪人？　　　　　　　　　　　　　乙九〇二四
　　　　丙申，余卜：印執𢦏？弗獲？　　　　合集二一七一〇
　　　　戎缶？十三月。　　　　　　　　　　合集二一八九七
　　　　𡥆從子漁？　　　　　　　　　　　　前五・四四・三

《合集》二一七一〇俘獲敵方之卜，當是受王命作戰；末例卜問率領子漁出行
否，則是協同王室作戰之例。卜辭所見諸婦率師之例，如：

　　　　貞：勿乎帚妌伐龍方？　　　　　　　續四・二六・三
　　　　甲申卜，㱿貞：勿乎婦阱𥾥燕先于盩？　續三・四・二〇
　　　　貞：王令帚好從侯告伐人？　　　　　乙二九四八
　　　　貞：□王勿□婦好□伐土方？　　　　庫二三七
　　　　壬申卜，爭貞：令婦好從沚馘伐巴方，受𡥆又。　粹一二三〇

諸子率師之例，如：

　　　　貞：叀子畫乎伐□？　　　　　　　　掇二・一八五
　　　　其𡥆令乎子畫涉？勿乎子畫涉？　　　丙一六〇
　　　　甲戌卜，㱿貞：雀從子商征𡥆方𢎛□。　乙五五八二

家族成員除戰時徵調外，平時亦得擔任地方守備之工作，如：

　　　　王占曰：𡥆希。其𡥆來婎。乞至九日辛卯，允𡥆來婎自北。𡬠、敏婎
　　　　告曰：土方侵我田，十人。　　　　　菁六

從武丁的妻子敏婎回告「北方侵我田」看來，敏婎曾戍守邊疆，〔註28〕此亦
為家族成員義務之一。

〔註27〕參見郭沫若，《殷契粹編考釋》，初版（台北：大通書局，民國 62 年 2 月），
　　　　頁 509～510。
〔註28〕同註 9，頁 134。

（二）王　事

在農業、畜牧、祭祀方面，商王常指派各家族族長或成員主其事，林澐曰：「在每一個家族中，除了奴隸之外，表面上是血緣親屬的人與人之間，族長和一般成員實應劃分成兩個不同的階級。前者是奴隸主階級，而後者實際是被統治的半奴隸階級。」〔註29〕既有其權力，就得盡義務，兩者是相對的，因此在殷商家族中不應以奴隸主階級與被統治的奴隸階級來劃分。以下就卜辭資料論各家族成員從王事之內容，其一為開墾、耕種，如：

戊子卜，賓貞：令犬征族呈田于盧？　　　　京都二八一

貞：帚妌黍，受年？　　　　金六四五

□卯卜，㞷貞：帚妌田，□其萑？　　　　京都二七七

辛丑卜，㱿貞：帚妌乎黍丘商？　　　　戩二五・十二

辛丑卜，㱿貞：帚妌乎黍□商？　　　　續四・二六・一

叀子商令？——叀子效令西？——叀王自往西？

乙五三二九

令子商先涉羌于河？　　　　綴二七六

呼子商從潢，㞷鹿？　　　　乙八四二五

《人》二八一辭商王占卜是否命令犬征的家族前往盧地開墾土地，而《戩》二五・十二則是令婦妌耕種丘商之土地，商之地望即今之河南商丘縣，〔註30〕為王畿的一部分；婦妌本有封地（見後），此貞問「乎黍邱商」則知是為王耕種。就上述諸例，足見王室田地之耕作主力仍然是各家族。

其次為祭祀。祭祀於商代為相當重要之活動，主祭者通常是商王，有時商王亦指派親信代為主祭；命婦主祭者，如：

貞：乎婦好㞷□？　　　　乙五〇八六

貞：婦好㞷告于多妣，酒。　　　　珠七七三

貞：勿乎婦好往奠？　　　　鐵四五・一

乙卯卜，宁貞：乎婦好㞷邻示妣癸？　　　　珠六二〇

壬戌卜，□貞：婦好□不往于妣庚？　　　　粹一二三二

貞：羽辛亥乎帚妌俎于殳京？　　　　續四・二六・二

〔註29〕同註26，頁333。

〔註30〕同註24，頁449。

第一例卜問是否呼婦好主持侑祭？第三例占問：不命令婦好去主持袞祭祀嗎？第四、五例占問主持祭祖儀式。最末一例則是貞問婦妌可否主持祭典。婦經常受命主持屮、彳、伐、賓、祁、祝等祭典。〔註31〕卜辭可見又有命子主祭者，如：

子商屮、曹于父乙，乎酒？	續一・二八・五
翌乙酉，乎子商酒伐于父乙？	續一・二八・九
貞：翌乙末，乎子漁屮于父乙宰？	續一・二九・一
乎子漁屮于屮且？	存一・二九四
貞：漁屮于且丁？	鐵一六七・三
貞：來乙丑勿子條屮于父乙？	續一・三○・四
丙寅卜，貞：來丁亥，子美見氏，歲于丁，于母庚，于□。	前一・二九・二

《續》一・二八・五命子商主持祭祀，第三至第六例爲子漁參加祭祀的記錄。由上述數例可見，諸子所主持者多爲祭祖之儀式。

（三）納　貢

《荀子・解蔽》謂湯滅夏「受九有，遠方莫不致其珍。」又《詩・商頌・殷武》：「昔有成湯，自彼氐羌，莫敢不來享，莫敢不來王，曰商是常。」納貢於商湯時已成常制，所謂曰商是常者也。向王室納貢者不外乎王室貴族、諸侯、臣服之方國。卜辭所見，貢品種類有農作物、畜牧產品、龜甲數種：

貞：畫弗其來牛？畫來牛？	丙八一
帚好入五十。	乙七七八二
畫來十。	乙二○三四
畫來十三。	乙七五六一
子𤕯入十。	乙四三○四
子商入一。	乙七○三六

由於商室凡事皆卜的習慣，龜甲消耗甚劇，故卜辭時見來龜之記載，上所舉後幾例即爲貢入龜甲的記載，諸婦、諸子從各地收取龜甲供王室占卜用。諸婦從事這項工作的有：帚𡨥、帚杏、帚旬、帚龐、帚𡧘、帚豐、帚彳、帚喜、

〔註31〕參見王宇信、張永山、楊升南，〈試論殷墟五號墓的「婦好」〉，《考古學報》1978 年第一期，頁 9。

帚龍、帚宅、帚寶、帚汝、帚娘、帚內、帚好、帚✛等；〔註32〕諸子者則有子✦、子畫、子商等……。〔註33〕

第三節　殷商家族之經濟基礎——土地的封授

商品生產商品交換的出現加速私有制之形成，而財產私有制度又從農業發展而來，故此二者——財產私有制度與農業經濟，無疑是家族的兩大支柱。〔註34〕商人之經濟形態，其繼承方式無論是兄終弟及、父死子繼、傳弟子或傳兄子，無非是為了把財產保存在家族內。王室的經濟來源大體有幾個途徑：田地、畜牧、手工業及納貢。

一、土地所有之形式

商人自稱為邦，稱他國為方。邦字作✦（前四・一七・三）、✦（乙六九七八）、✦（簠歲二四），是田上有禾；方字作✦（甲一二六九）、✦（甲二二四一）、✦（前六・六一・七）、✦（前七・一・二），象耒之形製，是為農器。稱邦、稱國反映出商人重農輕游牧之意識形態。〔註35〕卜辭中卜年者佔三十四例，卜風雨者佔百〇二例，〔註36〕則是殷商時期已進入農業社會，既是農業民族，其對於土地勢必特別重視，商人幾次遷都均面臨「民不欲徒」〔註37〕之難題，可窺見其對於土地之依戀。然而土地所有之形式，究竟為王有制？為民族之共同產業？抑或封地均可看作個人的領地？本節擬就此一範疇論述之。

先就典籍而言。夏代太康失國，少康奔虞私為庖正，「虞思于是妻之以二姚而邑諸綸，有田一成，有眾一旅。」〔註38〕✦（甲二九八七），從口從人，有人

〔註32〕參見鍾柏生，〈帚妌卜辭及其相關問題的探討〉，《中研院史語所集刊》第五十六本第一分（民國74年3月）：126。

〔註33〕同前註，頁126。

〔註34〕參見杜學知，〈家庭制度之特徵〉，《大陸雜誌》第八卷第四期（民國43年2月28日）：14。

〔註35〕又參見衛聚賢，《中國社會史》，臺再版（台北：石室出版社，民國64年），頁58。

〔註36〕羅振玉，《增定殷墟書契考釋》下，頁46、51。

〔註37〕見《尚書・盤庚》。

〔註38〕見《左傳・哀公元年》。

有土斯成邑；邑與田雖有別，所謂「田多邑少稱田，邑多田少稱邑」，〔註39〕此「邑諸緒」之邑兼含居住之處與耕地，此即為虞思賜予少康之私有財產，為少康之私有土地。周初，成王作《多方》告誡商王朝四方諸侯曰：「今爾尚宅爾宅，畋爾田，爾曷不惠王熙天之命。」注云：「今汝殷之諸侯皆尚得居汝常居，臣民皆尚得畋汝故田。」又告所遷頑民殷眾士，成王許諾倘若其五年無過即還其本田：「克閱于乃邑謀介，爾乃自時洛邑，尚永力畋爾田。」注云：「汝能使我閱具于汝邑，而以汝所謀為大，則汝乃用是洛邑，庶幾長力畋汝田矣。」則是典籍多顯示商人（或言統治階級）允許擁有土地。

田字，甲文作⊞（粹一二二二）、⊞（粹一二二三）、⊞（拾六・一）、⊞（拾六・七）、⊞（前六・一一・一）。卜辭用作田獵、農田二義。作田獵義者，如：

子效臣田，隻？　　　　　　　　　鐵一七五・一

☐之日，王往于田，從東？允隻豕三，十月。　林二・二二・一一

作農田義者，如：

邛方亦侵我西鄙田。　　　　　　　菁二

丙辰卜，永貞：乎省我田？　　　　前五・二六・一

☐卜，古貞：☐我田有來？　　　　續五・二九・一

我北田不其受年？　　　　　　　　乙五五八四

貞：成保我田。　　　　　　　　　乙六三八九

令尹乍大田。　　　　　　　　　　乙一一五五

求中田。　　　　　　　　　　　　乙四四七一

《菁》二一辭陳夢家以為所侵之田為族邦之田，至於上述卜辭所言之大田、中田、我田，則屬商王之田，〔註40〕是將土地分為王田與族邦之田，此與井田制度有異曲同工之妙；孟子云：「方里而井，井九百畝，其中為公田。八家皆私百畝，同養公田；公事畢，然後敢治私事，所以別野人也。」〔註41〕公田和私田同在一處，八家共同耕種公田，然後再耕種各自的私田。孟子引《詩・小雅・大田》：「雨我公田，遂及我私。」說明，其中公田和私田的分布情況因所處「國」、「野」而有所不同，《尚書・牧誥》云：「時甲子昧

〔註39〕見《公羊傳・桓公》。
〔註40〕參見同註12，頁539。
〔註41〕見《孟子・滕文公上》。

爽，王朝至於商郊牧野，乃誓。」可見國、野之別在殷商已經存有，文獻中的國、野，亦即後世城、鄉之別。〔註 42〕至於殷商土地之所有權，可由下列兩點論述。

（一）由稱謂看土地所有之形式

《易・觀》象曰：「先王以省方觀民設教」，《復》象曰：「后不省方」《楚辭・天問》：「禹之力獻功，降省下土四方」，《淮南子・精神訓》曰：「禹南省方」。卜辭中亦有關於「王省田」、「王迺省田」之記載，如：

貞□呼□省田	鐵一一四・四
于壬王迺省田	後下二〇
王其省田，戾不雨。	明七〇三
丙辰卜，行貞：乎省我田。	前五・二六・一
□午卜，般貞：今春王省方，帝受我□。	續五・一四・四
王勿往省黍。	燕四九二
辛王弜省田，其敏。	後上三十・六

「我田」，程憬以為當屬於部族所共有，〔註43〕陳夢家則釋為商王之田。〔註44〕殷商時期，商王除稱王外，又自稱余一人，商王有至高無上之權力，為占卜的主體，是以「我田」當是王直接擁有之土地。

（二）由收穫看土地所有之形式

卜辭中時常占卜「我受年」、「我受黍年」、「北方受禾」……，受年即意指農業上有好的收成，如：

貞：我不其受年？	粹八六八
辛巳卜，我弗其受黍年？	鐵二四一・一
北方受禾。	戩二四・四
西方受禾。	戩二六・四
己巳，王卜貞：（今）歲商受（年）。王卜曰：吉。東土受年。南土受	

〔註42〕參見徐喜辰，〈「籍田」即「國」中「公田」說〉，《吉林師大學報》1964 年第二期，頁 79。

〔註43〕參見程憬，〈商民族的氏族社會〉，《中山大學語言歷史學研究所週刊》，（民國 17 年 7 月）：1398。

〔註44〕同註 12，頁 539。

　　年，吉。西土受年，吉。北土受年，吉。　　　粹九〇七

以上這類貞卜之土地爲商王直接擁有。郭沫若於《殷契粹編考釋》九〇七條下
云：「以上五片均有卜于四望受年之事。其曰東土南土之土，蓋假爲社；其曰
西方北方之方，蓋假爲祊，均是動詞，《詩・甫田》所謂『以社以方』也。」
〔註45〕則是全國土地均在貞問之列。此外卜辭又有不言我田而直接指涉具體
地名者，如：

　　辛酉貞：犬受年，十月。　　　　　　　　　粹八八三

　　龐不其受年？　　　　　　　　　　　　　　佚五七八

　　庚子卜，邑受年？　　　　　　　　　　　　佚七三四

　　乙未卜，貞：黍在龍囿𡉈受㞢年，二月。　　前四・五三・四

商王亦關心各地收成，因爲收穫之豐欠攸關納貢之多少。足見商王是最高之
土地所有者。然而，土地本來爲國有之形式，經過王之分封，而成爲各分封
者之領地，土地私有制儼然存在。《太平御覽》八十三引《古本竹書紀年》云：
「（武乙）三十四年，周王季來朝，王錫地三十里，玉十穀、馬八匹。」卜辭
亦見「封方」，如：

　　□往來□正一封□　　　　　　　　　　　　前二・十・六

　　于二封方　　　　　　　　　　　　　　　　後上二・十六

　　余征三封方　　　　　　　　　　　　　　　後上十八・二

　　斯克貝售南封方　　　　　　　　　　　　　甲二九〇二

胡厚宣云：「以殷王而稱在攸侯喜之鄙，在奠之河邑云，則疆土既封，即屬之
侯白，不復屬之殷王，蓋昭然明矣。」〔註46〕然而從分封後商王仍有權處置
之情形看來，所有權之歸屬似乎就不怎麼昭然明矣。

　　由於生產是以血緣組織爲單位進行的，所以財產在形式上是以屬於家族或
宗族的樣態出理，所謂「不有私財」、〔註47〕「同財而祭」、〔註48〕「合族以食」
〔註49〕亦即指此；家事統於尊，財產關乎尊者，故無私產可言。然而，雖說家
長對家族內之財產有一定之控制權，卻非全然地佔有，其他的家族成員亦並非

〔註45〕見郭沫若，《殷契粹編考釋》，頁579。

〔註46〕同註9，頁90。

〔註47〕見《禮記・曲禮上》。

〔註48〕見《禮記・喪服小紀》。

〔註49〕見《禮記・大傳》。

全然無處置權；家長僅是作爲家族的代表而享有。〔註50〕春秋時期亦存在著這種現象，如《左傳・隱公十六年》換田一事：「王取鄔劉、蒍邘之田于鄭而與鄭人蘇忿生之田……已弗能有而以與人，人之不至，不亦宜乎。」普天之下莫非王土之時代背景中猶言「已弗能有而以與人」，顯見土地所有權與處治權仍相當夾雜。故商代土地制度基本上是國有，或直言之爲王有制，沒有土地私有和土地買賣的情況，所謂「田里不鬻」〔註51〕即爲此時土地制度之寫照；至於土地私有當是在戰國時候發展的，董仲舒云：「用商鞅之法，改帝王之制，除井田，民得買賣。」〔註52〕民得買賣當爲土地私有之前題。

二、諸婦之經濟地位

根據封建禮法，女子「無私貨，無私畜，無私器，不敢私假，不敢私與。」〔註53〕商代女子（貴族）則顯然較之幸運。由於隨葬品多爲死者之私人物品，是以從婦好墓隨葬物之豐富可窺商代婦女之經濟狀況，其隨葬物如下：

> 隨葬物共一千九百二十八件，其中銅器四百六十八件，玉器七百五十五件，石器六十三件，寶石繡花四十七件，骨器五百六十四件，象牙器組三件及殘片兩件，陶器十一件，蚌器十五件，此外還有紅螺兩件，阿拉伯綬貝一件及貨貝六千八百二十多個。〔註54〕

婦好隨葬的銅器中有司母戊鼎、重八百七十五公斤，司母辛大方鼎、重一百一十七點五公斤，〔註55〕爲上古難見之重器，青銅器於上古爲財富與地位之象徵，婦好擁有如此重物，其地位與財富亦可想見。

其次，諸婦中或有被分封在外者，如卜辭云：

婦好其來？	京津一九八五
貞：婦好不（至）？	掇一・五四三
貞：今一月婦好□？	鐵二二九・一
貞：生十三月，帚好不其來？	林一・二〇・一一

〔註50〕參見張樹棟、劉廣明，《古代文明的起源與演進》，第一版（南京：南京大學出版社，民國80年7月），頁55～56。
〔註51〕見《荀子・王制》。
〔註52〕見《漢書・食貨志》。
〔註53〕見《禮記・內則》。
〔註54〕見《殷墟婦好墓》（文物出版社）。
〔註55〕同註7，頁131。

　　　　□戌卜，爭（貞）：婦好見？　　　　　　　戩三五‧三一

　　　　丙辰卜，殼貞：今夏井其自來？丙辰卜，殼貞：今夏井不其自來？

　　　　　　　　　　　　　　　　　　　　　　　乙六七四八

　　　　帚井來？　　　　　　　　　　　　　　　乙七四二六

如婦好即被分封在外，卜辭中常見商王占卜其是否會回安陽覲見？何時回來？
上述第四例則反復貞問婦好下月（十三月）會回來否？

商王顯然相當關心諸婦封地之收成，常為其占卜受年、受黍年、年萑等等，如：

　　　　貞：帚妌不其受年？　　　　　　　　　　粹八八○

　　　　貞：妌受年？〔註56〕　　　　　　　　　鐵三○八

　　　　帚好□受年。（以上為受年之例）　　　　粹八六四

　　　　甲寅卜，古貞：帚妌受黍年。　　　　　　粹八七九

　　　　乙丑卜，古貞：帚妌魯于黍年。　　　　　佚五三一

　　　　丁巳卜，賓貞：帚妌受黍□。

　　　　甲午卜，亘貞：我受黍年？（以上為受黍年之例）

　　　　　　　　　　　　　　　　　　　　　　　存二‧一六四

　　　　帚井黍萑。　　　　　　　　　　　　　　後下六‧九

　　　　貞：井黍不其萑？　　　　　　　　　　　後下四○‧一五

　　　　□率貞：帚妌年萑。（以上為年萑之例）　林二‧一三‧二

「萑」字，胡厚宣作豐茂解，〔註57〕陳夢家以為此字即為「獲」之初文，〔註58〕
兩說均可讀通。受封國有向殷王納貢之義務，年成好、收穫多，殷王所得亦多，
是以殷王頗關心諸封地之收成，時而占卜諸封地之受年。總之，商王對其土地
仍有某種程度的所有權，土地對於諸婦的意義側重於管理經營權。

三、諸子之經濟地位

　　商人之家族經濟，嚴格來講應該是指「不受商王朝支配的獨立的宗族經
濟」，想要瞭解此一範疇便得透過諸子經濟。〔註59〕卜辭亦見諸子之分封，如

〔註56〕妌為武丁妻。參見註9，頁36。
〔註57〕同註9，頁35。
〔註58〕同註12，頁535。
〔註59〕同註5，頁178。

其云：

　　　　己丑卜，貞：子𡥪乎出庸？　　　　　　前八・一〇・一

　　　　乙亥子卜，方祉于我墉？　　　　　　　上海四七

　　　　我入商？——弗入商？　　　　　　　　京津三〇〇一

商為父王所在地，子卜「入商」、「弗入商」，顯見其在外有封地。又從武丁諸子擁有土地的情況來看。卜辭載子畫擁有土地之情況，如：

　　　　□子卜，宁貞：子畫其般？般。　　　　前二・四・四

　　　　甲午卜，亘貞：翌乙未易日。王占日：业𢉩丙，其业娒。三日丙申，

　　　　允业來娒自東，畫告日兒□。　　　　　前七・四〇・二

　　　　□東，畫告日：兒白□。　　　　　　　後下四・一一

　　　　□田畫令□上雛□。　　　　　　　　　前二・二七・八

　　　　□卜，貞：今夕多子步畫。　　　　　　前二・二八・六

　　　　戊王其田于畫，业大豚。　　　　　　　甲三六三九

　　　　叀畫田亡𢦏。　　　　　　　　　　　　戩一一・一

　　　　戊寅卜，貞：今日王其田濭，不遘大雨，茲御。

　　　　　　　　　　　　　　　　　　　　　　前二・二八・八

　　　　叀濭田亡𢦏，业。　　　　　　　　　　粹九八六

　　　　戊辰卜，在濭，犬中告麋，王其射亡𢦏，业。　粹九三五

子畫為武丁之子，〔註60〕所謂「來𢉩自東」，則知子畫之封地必在東方，來告商王東方有難。畫又有作地名、水名者，如上述之「田于畫」、「步于畫」、「田濭」，這類多見於廩辛以後的卜辭。畫之地望於今山東臨淄之西北三十里，此地當是子畫的封地，到了後來遂演為地名。〔註61〕又其他諸子擁有土地之情況，如：

　　　　戊寅□貞：王其田，亡𢦏？在同。　　　粹九六〇

　　　　丁未卜，設貞：田同？　　　　　　　　鐵一六三・一

　　　　□侑于妣辛，囧歲，其至同□？　　　　前一・三六・六

　　　　乙巳卜，商來。　　　　　　　　　　　京津二〇七四

子同、子商、子條、〔註62〕子奠皆處武丁諸子之列。《京津》二〇七四「商來」，

〔註60〕參見黃作賓，〈五等爵在殷商〉，錄於《董作賓學述論著》。

〔註61〕同註9，頁41。

〔註62〕參見黃競新，《從甲骨卜辭來研討殷商的祭祀》（71年台大中研所博士論文），

言來即意味其在外有封地。

　　諸子卜辭中關於農業的記載頗多，諸如受禾、求年、求雨等……，此類記載除展示諸子是以農作爲主要經濟來源外，亦顯示其有自己的土地，如：

　　　　我役戒于尸？　　　　　　　　　　　　合集二一五九五
　　　　正受禾？——長受禾？　　　　　　　　乙八八九六
　　　　馬不歺？　　　　　　　　　　　　　　乙八八一二
　　　　乙未，余卜：受今秋麦？
　　　　乙巳，囗卜貞：余受禾？　　　　　　　乙一
　　　　囗漁囗受黍年？　　　　　　　　　　　粹八七七
　　　　貞：我奠受年？　　　　　　　　　　　拾一○・二

《乙》八八九六辭之正、長爲家族之屬地，此即占卜家族在正、長兩地的農業收成。子漁、子奠受年，顯示其有封地，《拾》一○・二又言「我奠受年」，知奠又演爲地名。卜辭所見諸子於農事方面之占卜除受年外，又有「耤田」之例者，如：

　　　　（丁）丑卜，我貞：我伇籍于夷？我夷耤，今春？
　　　　　　　　　　　　　　　　　　　　　　合集二一五九五
　　　　庚申卜，我（貞）：囗今秉有（耤）？　合集二一六七三

此二子卜辭乃占問其耕耤活動，王以外的這類活動在典籍中稱之爲祿田，不名籍田。〔註63〕此外，亦占卜馬匹良否，如下卜辭顯示家族擁有廣大的牧群：

　　　　庚戌卜，朕耳鳴，屮禦于祖庚羊百，屮用五十八，屮女（毋）用。
　　　　　　　　　　　　　　　　　　　　　　乙五四○五

除農、牧外，田獵亦爲子家族經濟之一環，卜辭云：

　　　　多臣田毚　　　　　　　　　　　　　　合集二一五三二
　　　　丁禾卜：從田亡禍？　　　　　　　　　合集二二三七四
　　　　丁酉卜：獲？　　　　　　　　　　　　乙一四四三
　　　　余令戉從羌田？　　　　　　　　　　　乙四六九二

《左傳・隱公五年》有言：「鳥獸之肉不登於俎，皮革、齒牙、骨角、毛羽不登於器，則公不射，古之制也。」《襄公三十年》傳文亦云：「豐卷將祭，請

　　　　頁 444、450、478。
〔註63〕同註 16，頁 316。

田焉」。田獵不僅是爲了娛樂，亦隸屬於祭祀及經濟活動之一。就土地的關係而言，家族之成員得以有自己的土地，但從「子某」封於一地演進至「某」成爲地名，王尙有「田于某」的舉動看來，封地之於諸婦、諸子的管理意義大於私有。諸子之經濟活動囊括農、牧、田獵等……，其於王室經濟上亦必須負擔納貢之義務。

第五章　殷商家族之承襲

　　每一個民族的親族結構之所以會有差異，主要是由於繼嗣原則的不同所造成的，故繼嗣結構實爲親族結構之主體或最基本的部分。〔註1〕研究殷商家族之承襲，囿於材料，繼嗣群主要侷限在商王室或與商王室有關之貴族。而此一命題主要可分爲兩個範疇：一是財產繼承，其次則是首領地位之繼承。關於財產之繼承已於前章述及，此處不擬贅述，祇討論首領地位承繼的部分。殷商家族承襲這個範疇涉及兩個層面：一是就繼承制度的表現而言，主要有父死子繼、兄終弟及、叔姪相傳三制。其次則是就實際政治運作中的選立問題，主要有卜王、選舉、嫡長子繼承三種方法。下文僅就此三範疇論述。

第一節　繼承制度——弟及與子繼

　　商王之繼承方式，廣義的來講，主要有四種。〔註2〕其一爲卜王，《左傳‧昭公二十六年》云：「昔先王之命曰：王后無適，則擇立長，年鈞以德，德鈞以卜。」卜辭有「卜王」之例，如：

甲申卜王大𤕝丏多母之☐	前八‧四‧七
癸巳卜王	甲一〇四
☐卯卜王	甲二六九

〔註1〕參見衛惠林，〈論繼嗣群結構原則與血親關係範疇〉，《中研院民族所集刊》第十八期（民國53年秋）：23。

〔註2〕所謂廣義乃指兼含繼承制度和選立技術。此四種散見葛啓揚，〈卜辭所見之殷代家族制度〉，《史學年報》，2（5）（民國27年12月）：55～65。

己巳卜王	甲九五一
壬寅卜王	甲二二四二
乙亥卜王	甲二二四六
庚寅卜王	甲二四一二

惟此文或過於疏漏，「卜王」下是否有他字？則未可知。屈萬里即認為「囗卜，王」是王親卜省貞之例，第二期卜辭中習見。〔註3〕如下所舉之卜辭即是省貞之例：

辛酉卜，王：兄于匕己，酒取且丁？	甲三○四五
甲辰卜，王：自今至己酉雨？允雨。	甲三一二一＋三一二八

卜王之事，徐中舒也有說法：

> 外壬、外丙，卜辭作卜壬、卜丙，這可能是當時母系繼承還有濃厚的遺留，稱母系為外家，已見于《爾雅·釋親》篇，可能它有很悠久的歷史。由姊妹之子繼，必須經過卜的決定。與此相對的，殷王有中丁、中壬，可能這是父系繼承，中表之稱相屬甚晚（起于六朝），但中外是相對之詞，為了與母系繼承的「外」相區別，所以稱為「中」。
>
> 〔註4〕

其中提及「由姊妹之子繼承」的可能，此種說法很令人懷疑：在以父系家長制為主導的殷商社會，是否容許這種中斷父系血緣的繼嗣方式？其次，中丁、中壬和外壬、外丙，這兩類的屬性是否相同？「中丁」類同於「大甲」、「小乙」這等稱謂，日名前置大、中、小當是用以區別長幼。至於「外」字理當是針對直旁系而言，雖有直旁系之別，仍不脫父系血緣，非指「外家」。

就史籍所載，「無適」時方有立賢卜王之舉，隸屬於嫡庶親疏之範疇。其次，父母有決定嗣子之權，《史記·伯夷列傳》云：「伯夷、叔齊，孤竹君之二子也。父欲立叔齊，及父卒，叔齊讓伯夷，伯夷曰：父命也。遂逃去。叔齊亦不肯立而逃之。國人立其中子。」卜辭亦有所見：

戊午卜王於母庚祐子臂	簠帝系二三五

孤竹君欲立叔齊，證明父有決定嗣子之權；「卜王於母庚」證明母有決定嗣子之權。每當父母決定嗣子與古制不合時，往往會有大史進言，或言「天下之

〔註3〕參見屈萬里，《殷墟文字甲編考釋》，頁18。
〔註4〕見徐中舒，《先秦史論稿》，頁66。

通義」，或言「古之道」，所反映出者乃是與當時制度相牴牾之特例，不可常制視之。總之，殷王繼承制之探討當集中於弟及與子繼這兩個層面上；選立方式則非卜王或父母決定，而是透過選舉或嫡長繼承這兩個方法。

一、商王世系所反映出之繼承法

　　商王之繼承制度，自從王國維提出「兄終弟及」之看法後，陸續各種不同的見解接踵而來；或以為以弟及為主、子繼為輔，或以為子繼為主、弟及為輔，或以為兩制并用、無主輔之分，或推測王位繼承的方式乃採選舉制，或就世系表提出何時採弟及、何時採子繼之階段說，均言之有故，持之成理，迄今莫衷一是。

　　殷商之繼承法，依《殷本紀》所載，或父死子繼，或兄終弟及，或回傳兄之子，如《史記‧魯世家》云：「莊公病而問嗣於弟叔牙，叔牙曰：一繼一及，魯之常也。」又《史記‧宋世家》：「宣公病，讓其弟和，曰：父死子繼，天下通義也。」宣公讓位於其弟穆公，是傳弟，穆公卒而立宣公子殤公，是回傳兄之子。其餘見諸史籍者，如《左傳‧襄公二十一年》：「穆叔不欲，曰：大子死有母弟則立之，無則長立之。年鈞擇賢，義鈞則卜古之道也。」又《左傳‧隱公三年》宋宣公有子而傳弟，杜預注曰：「殷禮有兄弟相及，不必傳子孫，宋其後也，⋯⋯。」宋為殷後，魯國則居商人故地，由宋魯兩國之禮制略窺商人傳統繼嗣法之端倪。

　　王國維主張：「商之繼統法，以弟及為主，而以子繼為輔，無弟然後傳子。自成湯至於帝辛三十帝中，以弟繼兄者凡十四帝，其以子繼父者，亦非兄之子而多為弟之子。」[註5] 其所列弟繼兄者有如下十四王：外丙、中壬、大庚、雍己、大戊、外壬、河亶甲、沃甲、南庚、盤庚、大辛、小乙、祖甲、庚丁；子繼父者則為小甲、中丁、祖辛、武丁、祖庚、廩辛、武乙七王；至於祖辛之子祖丁繼羌甲，羌甲之子南庚繼祖丁，祖丁之子陽甲之繼南庚，此三事與商人的繼統法不合，亦即《殷本紀》所謂的九世之亂。李宗侗云：

　　　　商至少在成湯以後，尚實行兄弟共權制度；彼時政權尚未集中在每代
　　　　的長子身上，而為一代所共有，所以一帝之終，不必須傳位於其長子，
　　　　且須傳位與其弟兄，後這一代陸續享有政權後，使傳給下一代的人。

〔註 5〕見王國維，《殷商制度論》，頁 454。

事實上雖然全族的人不必能皆做首領一次，但在學理上全族的人皆有
做首領的機會；事實上全族的人不必皆平等，但學理上全族的人皆平
等與權。商人至少在武乙以前，仍在這種階段中。〔註6〕

依其所言，或許因爲去古未遠，仍然沿襲男系氏族之繼承習慣；在學理上所
有的兄弟均平等與權，諸子弟都有輪流掌權的機會，所以會有兄終弟及的情
況出現；至於無弟可傳時，往往傳子，或傳兄之子、或傳弟之子，兩者皆有
之。學理上如此，置於殷商社會是否適用？令人懷疑。殷商之「兄終弟及」
應理解爲「兄長在政治上優越於群弟，而不能理解爲兄弟的平等」，〔註7〕在
殷商社會是否眞能作到「平等與權」，有待商榷。

就商王世系表觀之（表一）：〔註8〕

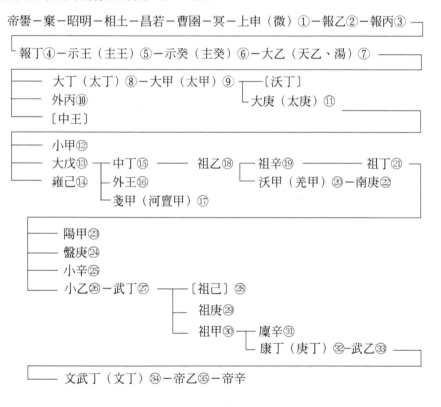

〔註 6〕見李宗侗，《中國古代社會史》，頁 133。

〔註 7〕參見陳夢家，《殷墟卜辭綜述》，頁 501。

〔註 8〕方括弧者示卜辭所未見，數字表示各王在周祭中的順次。此表參看陳夢家，《殷
墟卜辭綜述》，初版（北京：科學出版社，民國 45 年 7 月），頁 379；常玉芝，
《商代周祭制度》，（北京：中國社會科學出版社，民國 76 年 9 月）；陳戊國，
《先秦禮制研究》，第一版（湖南：湖南教育出版，民國 80 年 12 月），頁 114。

由於自湯以後，已立爲太子的大丁、祖己未即位而卒，〔註9〕所以在王世系表中，自湯起至帝辛凡十七世三十王；其中兄終弟及者十二王：中壬、大戊、雍己、外壬、戔甲、羌甲、南庚、盤庚、小辛、小乙、祖甲、康丁；〔註10〕父死子繼者有大丁、沃丁、小甲、祖辛、武丁、祖庚、廩辛、武乙、文丁、帝乙、帝辛十一王；兩者皆非者有七王：大甲、外丙、大庚、中丁、祖乙、祖丁、陽甲凡七王；〔註11〕可見傳弟與傳子之數不相上下。同一輩兄弟之傳位依其長幼，若傳位於下一輩則有三種形式：

（一）由本世最後爲王之幼弟傳位於同世爲王諸兄之子，是爲傳兄子制，如：

雍己傳位於其兄大戊之子中丁

河亶甲傳位於其兄中丁之子祖乙

沃甲傳位於其兄祖辛之子祖丁

南庚傳位於其兄祖丁之子陽甲

（二）由本世最後爲王之幼弟傳位於其子，是爲傳弟子制，如：

沃丁弟大庚傳位於其子小甲

陽甲盤庚小辛弟小乙傳位於其子武丁

祖庚弟祖甲傳位於其子廩辛

廩辛弟康丁傳位於其子武乙

（三）若本輩只有一王而無兄弟及位者，則傳位於子，是爲傳子制，如：

大乙傳位於其子大丁

大甲傳位於其子沃丁

〔註9〕常玉芝先生根據周祭卜辭所得結論指出：「由周祭先王先妣的祭祀次序可以看到，史籍記載報丁在報乙、報丙之前即位爲王，外丙在大甲之前即位爲王，雍己在大戊之前即位爲王都是錯誤的，記載中壬、沃丁的即位爲王也是錯誤的。」見《商代周祭制度》，（北京：中國社會科學出版社，民國76年9月）。又卜辭云：

□卜，行貞：□窋兄己，口亡尤？　　　　　　　粹三〇九
□卜，行貞：窋兄庚，□亡尤？　　　　　　　　粹三一〇

此祖甲時所卜，兄己即孝己，兄庚即祖庚。《殷本紀》雖無祖己，然諸子百家雜說均可見武丁子孝己者。

〔註10〕較之王國維氏所舉十四王，惟外丙、大庚此二王有所出入。此二王非兄終亦非子繼，見常玉芝〈周祭中的商先王先妣世次〉一表。

〔註11〕此七王或與前王爲祖孫關係，或爲叔姪關係。參見常玉芝《商代周祭制度》中〈周祭中的商先王先妣世次〉一表。其中外丙或以爲大甲之弟。

祖乙傳位於其子祖辛

武乙傳位於其子文丁

文丁傳位於其子帝乙

帝乙傳於於其子帝辛〔註12〕

鄭慧生依傳子形式之不同，將商王繼統分爲三個階段：從大乙到陽甲傳兄之
子，從小乙到康丁傳弟之子，從武乙到帝辛爲嫡長子相傳，可視爲傳兄之子。
〔註13〕自其傳子形式觀之，從成湯至帝辛，立兄之子與立弟之子次數雖然相
近，但是從中丁到祖乙、祖辛到祖丁這兩個階段，兄弟相及的結果回傳至長
兄之子；又小甲傳弟大戊，大戊明明有子，卻傳位給雍己；中丁明明有子祖
乙，卻傳位給外壬，這些究竟透顯出什麼訊息？此點留待下節討論。

　　商王世系表中或側重傳弟，或側重傳子，於是有人提出階段說。趙林即
認爲商代傳位法呈現三個階段的變化；第一個階段從大乙到陽甲，此一階段
之傳位法「在同代不忽視旁系，……充份地反映了王位之控制權掌握在商王
宗族組織內的各分族的手上」；第二個階段從陽甲到康丁，是典型的兄終弟及
法，「誠爲康丁以後，及虎甲之前這兩個階段的過渡期」；第三個階段從康丁
以後，商王之傳位法爲父傳子，「從康丁時代起，商王位便沿著核心家庭的男
性直系一代接一代地單傳下來」。〔註14〕就這三階段可以看出繼承者之涉及層
面有逐漸縮小的趨勢。從大乙到陽甲，其繼嗣方式有父死子繼、兄終弟及、
叔姪相傳、傳孫這四種形式，從陽甲到康丁則僅剩父死子繼、兄終弟及這兩
種繼承形式，最後一階段則僅存父死子繼此種形式。從這種繼承形式看來，
早期各分族皆均等與權，兄弟子姪均有繼嗣權，故三種繼承形式並存。接著
繼嗣範圍逐漸縮小，叔姪相傳的這種形式逐被淘汰。此段過度時期從各方面

〔註12〕陳夢家氏云：「除甲項（傳兄子者）一二兩條係據卜辭外，餘皆本《殷本紀》。
　　　所據於《殷本紀》者除乙項（傳弟子者）第一條外，均與卜辭相合。乙項第
　　　一例中的小甲究係大庚之子抑弟，無從證明。甲項第一條雍己從卜辭次於大
　　　戊之後而大戊、中丁爲父子則爲卜辭《殷本紀》所同；第二條據卜辭以中丁、
　　　祖乙爲父子，與《殷本紀》以祖乙爲河亶甲子不同。」見《殷墟卜辭綜述》，
　　　頁 371～372。

〔註13〕見鄭慧生，〈從商代的先公和帝王世系說到他的傳位制度〉，《史學月刊》第六
　　　期（1985 年）：7。

〔註14〕見趙林，〈商代的傳宗法與傳位法〉，錄於《漢學論文集》，初版（台北：文史
　　　哲出版社，民國 72 年 12 月），頁 136～137。階段說又見鄭宏衛，〈商代王位
　　　繼承之實質——立壯〉，《殷都學刊》（民國 80 年 4 月），頁 10。

均顯示王權高漲，覬覦王位者想必不在少數，王位繼承既然已縮小到父子兄弟，禍起蕭牆亦在所難免。商晚期傳位法集中在傳子，顯見繼嗣權已由家族縮小至家庭，此乃勢之所趨，也可降低立王位時之不必要衝突。

於契至湯之先商時期，或許由於年代久遠，後人對於直系先祖的印象較爲深刻，是以《殷本紀》所顯現出者爲父死子繼，這段時期姑且不論。自湯至廩辛十三世中，純然繼父傳子者惟有湯、大庚、祖乙、祖丁、武丁五世，由形式觀之，殷商確實有一段時間（前期）施行過兄終弟及的制度。對偶婚形態下之上古社會，〔註15〕兄弟關係較父子關係明確，是以流行兄終弟及制，殷商早期或許承受上古社會之殘餘，王位繼承遇到有所權變（子幼）的情況下亦以弟及爲主要之考量。隨著一夫一妻制的鞏固，父子關係益加明確，傳子制遂得以建立。到了晚期，繼承制度逐漸由兄終弟及（形式上）過渡到反映私有制的父死子繼方式，〔註16〕所以康丁至商紂亡，四世全爲父子相繼。從兄終弟及過渡到反映私有制的父死子繼此一階段，廩辛和康丁正處於這個轉捩點；廩辛先康丁即位，卻因爲無子爲王而被摒棄於周祭之外，反觀武乙爲康丁之子，康丁遂入周祭，直系繼承制亦由此建立（詳見後文）；廩辛實是處於傳弟、傳子此二制之間的過渡性人物，武乙則爲傳子制確立之決定性人物。就商王世系表前期與後期各有所側重反映出者，是氏族社會財產共有的朦朧記憶過渡到家族社會強調私有財產、從家族過渡到家庭的這一段歷史進程。

二、由商王在位年數論弟及與子繼

關於商王位的繼承，王國維提出以弟及制爲主，無弟方傳子之說，陳夢家則以爲不然：

> 若是商人是以弟及制爲主的，則必無弟才傳子，此與商人的婚制不合。據卜辭，商王是多配偶的，則其多子的可能性很大；即使商王不育，商人兄弟不限於同父母，故凡從兄弟均有繼爲王的權利。……弟及制並非輪及每一個弟，據卜辭同輩兄弟及位者其數不過四，而卜辭一輩的兄弟往往不止於四，如祖甲世除祖己、祖庚、祖甲外，

〔註15〕 疑上古社會（夏商以前）或行過對偶婚制，縱使不曾行過，在母系社會中，兄弟間之關係亦明確過父子。

〔註16〕 參見王玉哲，〈試論商代兄終弟及的繼統法與殷商前期的社會性質〉，《南開大學學報・人文學科》第一期（1956年）。

尚有兄壬、兄癸，均未及王位。由此可見商代傳統法並沒有一種固定的傳弟傳子法，凡弟或子之所以及王位必另有其法規，可惜我們無法推知。〔註17〕

商王世系中，兄弟順次在位者四人的有一世，其次三人的有兩世，兩人的有五世；然而卜辭中所記載的商王，其同一輩的兄弟往往眾多，如武丁有兄弟五人均未即位，〔註18〕祖甲世尚有兄弟兩人、康丁世尚有兄弟五人亦均未及位；〔註19〕此處亦即涉及到「母弟」定義之問題。所謂「母弟」者，係指同母親兄弟？抑或嫡、庶母所生皆稱為母弟？

《公羊‧隱公七年》傳文：「母弟稱弟，母兄稱兄。」何休解詁曰：「母弟，同母弟；母兄，同母兄。……分別母同者，春秋變周之文，從殷之質，質家親親，明當親厚異於群公子也。」又李宗侗云：「蓋古時所謂同母，不必係同母所生，凡姪娣所生亦曰母弟。」〔註20〕認為凡嫡庶弟均稱母弟。然而李氏所言係由《穀梁傳》帶出，《穀梁傳‧文公十八年》曰：「姪娣者，不孤子之意也，一人有子，三人緩帶。」范寧以為「一人有子則共養」、三人均「共望其祿」，有子之所以緩帶是因為「欲見有子則喜樂之情均，貴賤之意等。」觀其言，傾向於情感方面之表露，而非反映事實，似乎不足以支持凡嫡庶弟均稱母弟之說。

然而從商王在位年數來看。商王世系表中兄弟順次在位四王的有一世，即祖丁傳位給同輩之南庚，南庚再傳回祖丁子陽甲、盤庚、小辛、小乙；其中祖丁在位三十二年，南庚在位二十五年，陽甲在位十七年，盤庚在位二十八年，小辛在位二十一年，小乙在位十年，祖丁末到小乙及位足足相隔九十一年，小乙又在位十年，倘若此世之四王皆為同母所生之親兄弟，則小乙死時至少超過一百零一歲。又兄弟順次在位三王小甲、雍己、太戊，小甲在位十七年，太戊在位七十五年，雍己本身在位十二年，則雍己死時至少超過一百零四歲（見表二）。所以從兄弟順次即位之商王在位年數來看，兄所傳之弟不必是親弟。倘若所傳為庶弟，嫡庶兄弟之歲數亦不可能相差太遠，假如二者之間相差三十歲，則小乙死時至少超過七十一歲，雍己死時至少超過七十

〔註17〕 同註7，頁370～371。
〔註18〕 武丁卜辭之諸兄有兄甲、兄丁、兄戊、兄己、兄庚五人。同註7，頁453～454。
〔註19〕 廩辛、康丁卜辭之諸兄：兄甲、兄丙、兄己、兄庚、兄癸。同註7，頁456。
〔註20〕 同註6，頁143。

四歲，均屬高齡，其兄弟或都不存，所以只好傳己之子或兄弟之子；是以商王雖然多配偶、多子嗣，而能夠如此長壽者恐怕不多，這也是爲何不能盡傳兄弟，一世頂多僅能傳三、四個兄弟之原因。故多妻、多子與兄終弟及之運用並不相悖。

表二〔註21〕

太乙	太甲	沃丁	大庚	雍己	小甲	太戊
13	12	29	25	12	17	75

仲丁	外壬	戔甲	祖乙	祖辛	羌甲	祖丁
11	19	9	20	16	15	32

南庚	虎甲	盤庚	小辛	小乙	武丁	祖庚
25	17	28	21	10	59	7

祖甲	廩辛	康丁	武乙	文丁	帝乙	帝辛
33	6	8	4	13	35	63

第二節　前期政治運作中的選立方法

上節乃就繼承制度的表現而言，我們所能看到的是傳子、傳弟、傳孫、叔姪相傳，諸種形式間的糾纏，這些形式的出現是否純然祇是隨意性？或者有一規律（或者法則）存在？這些或許可從政治運作的選立方法中窺見端倪。本節擬探討殷商之選立方法外，並嘗試能否由此中凝聚出繼嗣制度。

徐中舒認爲王位之產生乃由推舉制，推舉的根據則是能夠得到人民的擁護。〔註22〕據世系，湯和武乙之間或傳弟、傳子、傳兄之子、傳弟之子，這一段比較夾雜的傳承中，祇有太甲、祖乙、武丁是完全父子相傳（父傳子，子再傳子）。《尙書‧無逸》曰：

> 昔在殷王中宗，嚴恭寅畏，天命自度，治民祇懼，不敢荒寧，肆中
> 宗之享國，七十有五年。其在高宗時，舊勞于外，爰暨小人，作其

〔註21〕表二參看董作賓，《中國年曆檢譜》，再版（台北：藝文印書館，民國63年6月），頁31～66。

〔註22〕同註4，頁65～66。

及位，乃或亮陰，三年不言。其惟不言，言乃雍。不敢荒寧，嘉靖
殷邦。至于小大，無時或怨，肆高宗之享國，五十有五年。其在祖
甲，不義惟王，舊爲小人，作其王位，爰知小人之依。能保惠于民，
不敢侮鰥寡，肆祖甲之享國，三十有三年。

就《無逸》來看，中宗在位七十五年，高宗在位五十九年，祖甲在位三十三
年，在位時間均久，徐氏認爲其所以能夠父子相承主要是基於政治的原因：
因爲在位期間久，國勢強大，是以能夠父子相承。〔註23〕《殷本紀》以太甲
爲太宗，太戊爲中宗，且云：「殷復興，諸侯歸之，故稱中宗。」又《無逸》
置中宗於高宗（武丁）前，則此中宗當爲太戊。太戊雖在位七十五年，先傳
弟再回傳子。《殷本紀》中稱有政績或「殷復興」之即位王有六：大乙（在位
十三年—傳子）、大甲（在位十二年—傳子）、大戊（在位七十五年—回傳子）、
祖乙（在位十二年—傳子）、盤庚（在位二十八年—傳弟）、武丁（在位五十
九年—傳子）。稱「殷復衰」之即位王有六：雍己（在位十二年—傳兄之子）、
河亶甲（在位九年—傳兄之子）、陽甲（在位十七年—傳弟）、小辛（在位二
十一年—傳弟）、祖甲（在位三十三年—傳子）、帝乙（在位三十五年—傳子）。
有政績之諸王除盤庚外均傳子，至於使「殷復衰」的諸王除確立傳子制的祖
甲、帝乙外均傳弟；又就在位期間觀之，前者之在位年數未必較後者久。首
先著眼於盤庚、祖甲、帝乙這些特例。盤庚不傳子，可能與其屢遷都有關，《殷
本紀》云：

……復居成湯之故居，迺五遷，無定處。殷民咨胥皆怨，不欲徒。

遷都時所造成的民怨恐怕至其身後依然存有。至於後者，祖甲可說是商代歷
史的轉折點，《國語·周語下》云：「玄王勤商，十有四世而興；帝甲亂之，
七世而隕。」祖甲改制以後的商王均長於深宮之中，不像高宗、祖甲經歷過
稼穡之事，其在位年數所以皆不長，或許是耽於逸樂的緣故，《尚書·無逸》
云：

自時厥後，立王生則逸，生則逸，不知稼穡之艱難，不聞小人之勞，
惟耽樂之從。自時厥後，亦罔或克壽，或十年，或七八年，或五六
年，或四三年。

立王制確定後，人主之昏智賢愚實無關宏旨，故祖甲、帝乙政績雖差，仍得
以傳子。總之，顯而易見，傳子與父王在位期間的久暫無涉，到與其父政績

──────────────

〔註23〕所引徐中舒文俱參見《先秦史論稿》，頁 65～66。

的好壞有關；父政績好，掌握較多的政治資源，其子就有被選立的資格。基於這一點考量，就不難瞭解爲何不傳兄小甲子，而傳弟大戊子；不傳兄陽甲子，而傳小乙子了。

　　誠然父王政績的好壞爲選立之前題，這可能也是子所以能夠被擁護的原因之一。然而商王不可能祇有一子，在這諸子中又如何選立一人爲王？就上述承父位之諸子在位年數與傳承形式來看：大乙子大丁未立而卒，故傳孫大甲，大甲在位六年，大甲傳叔後再回傳其子沃丁，沃丁在位二十九年；大戊子中丁在位十一年，傳弟後在回傳其子祖乙；祖乙子祖辛在位十六年，傳弟後再回傳其子祖辛；武丁子祖己未立而卒，故傳子祖庚，祖庚乃傳弟，在位七年。傳承均是採回傳的形式，居「傳」地位的父——大甲、中丁、祖辛、祖庚，在位年數皆不長；在回傳的過程中，大甲距沃丁六年、中丁距祖乙二十八年、祖辛距祖丁十五年，至於祖庚則因祖甲之改制而無法列入。據上推測，可能因子幼，其爲鞏固商室政權，是以採取一些權變的措施，或傳弟、或傳叔，經過若干年後再回傳王位。鄭宏衛即提出殷商早、中期施行立壯原則之見解：「在王族成員中選擇足以確保王權的繼統者。這一明智之舉，爲商政權的鞏固，殷王權的加強，發揮了較大的作用。」〔註24〕據《呂氏春秋·用民》曰：「當禹之時，天下萬國，至於湯而三千餘國。」是時之方國，見於第一期武丁時代卜辭中的有二十三個，見於第二期祖庚、祖辛卜辭的有二個，第三期廩辛、康丁時代有十二個，第四期武乙、文武丁時代有二十六個，第五期帝乙、帝時代則有八個，其中有友邦、有敵國，除重出者外，合計有五十四個方國。〔註25〕方國林立，強敵環伺之局勢下，商室倍感威脅，卜辭即常見貞卜王是否親征的例子，〔註26〕爲此執政者必須具備統率軍隊之能力，這對幼子來說恐難以勝任。

　　殷商自大乙以來一直是以子繼爲常，父承子之現象有其政治上的因素，子之被推舉可能與父的政績佳及其所掌握之政治資源較豐富有關。由於這個時期各分族仍有相當的權力，在子幼不利於商室政權鞏固之考量下，所以採

〔註24〕見鄭宏衛，〈商代王位繼承之實質——立壯〉，《殷都學刊》（民國80年4月）：十。
〔註25〕參見張秉權，《甲骨文與甲骨學》，頁511～512。
〔註26〕如：

　　　庚子卜，王貞：余伐不？　　　　　　　　　丙一
　　　貞：今春王伐𢀛方登人五千乎㞢？　　　　前七·一五·四
　　　庚戌卜，㞢王自正人方？　　　　　　　　佚一八七

取別的繼嗣方式，而上古社會兄弟關係密切，傳弟的機率顯然較他人（叔、孫）爲大，是以世系表中屢見兄終弟及制。基於立壯的考量，諸子中最佳的繼嗣人選非長子莫屬，也就爲後來立嫡立長奠定基礎。

第三節　立嫡制之萌芽與確立

一、旁系繼嗣方式之脫落

　　《殷本紀》所載湯前二世爲主壬、主癸，卜辭則寫成示壬、示癸顯見示字在甲骨文中的意義相當於神主之主字。卜辭有大示、小示之別，相當於周宗室之大宗與小宗；陳夢家云：「大宗從上甲起，小宗從大乙起」〔註27〕上甲居大示，固然是由於其地位隆崇，然而大乙貴爲開國之君，何以居小宗？董作賓云：

> 宗，就是廟，大宗就是大廟小宗是小廟。示，是神主，大示是大神主，小示是小神主，所謂大宗者，自上甲始，直系先祖，大乙以下之承繼王位或立爲大子者，限於一世一人，祖與妣分別依廟祖忌日致祭；小宗，是自大乙以下的旁系祖先，凡承繼王位或曾立爲大子者，一世不限於一人，先妣不祭。〔註28〕

大宗、小宗顯然是處所名稱，與周所謂之大宗小宗有所不同。所以大宗祭者，祭自上甲始之大示，即其直系先祖先；小宗祭者，則爲大乙以下之旁系先祖。大宗、小宗實際上已標明直系與旁系之別。至於大小示的不同「是父子輩與兄弟輩有所區別，父子輩相繼的用大神主，一輩只有一個，兄弟輩相繼的用小神主，一輩也許不只一個。在宗廟內排成上下兩行，上行是父子輩相承，代表著『世』，爲大神主，故稱『大示』，因爲在上行，也叫『上示』。下行爲兄弟輩相承，代表著『王』，爲小神主，故稱小示，也叫『下示』。」〔註29〕上行放大神主，下行放小神主；故示者，商人所以辨親疏長幼。大致從武丁始將上甲以降之歷代先王之神主分爲大示與小示、上示與下示，如卜辭有文：

　　　　甲午卜，賓貞：大示三宰。二月。　　　　　　存一・三三三

　　　　甲午貞：大御自上甲六大示，燎六小宰，卯九牛。

〔註27〕同註7，頁243。
〔註28〕見董作賓，〈中國古代文化的認識〉，《大陸雜誌》
〔註29〕見石璋如，〈殷墟建築遺存的新認識〉，錄於《國際漢學會議論文集・歷史考古組上》（台北：中研院，民國70年10月），頁140。

屯南一一三八

甲午貞：大御六大示袞六小宰、卯卅牛？　　屯南二三六一

大示五牛—大示三宰—大示□牛　　甲二九〇五

不隹大示希王　　粹一二六一

王其告于大示　　粹三六七

蠢于大示　　粹四〇三

大示卯一牛，小示即更羊　　燕六

乙未貞：其求自上甲十示又三牛，小示羊。　　後上二八八

丁未貞：蠢未自上甲六示牛，小示汎羊　　明續四五七

□戌卜，貞：叀見百牛汎用，自上示

……來劦陟于西示　　前七・三二・四

甲辰貞：其大御，王自上甲鹽用白豕九，下示汎牛

粹七九

「大示」於上甲至示癸的這一早期段落，又稱爲元示；元示沒有超過六位，所以通常指六示而言，〔註30〕如：

辛巳卜，大貞：屮自上甲元示二牛　　前三・二二・六

甲子卜爭貞：來乙亥告畢其西于六元示？　　合集一四八二九

于六元示？五月　　合集一四八三〇

貞：元示五牛，二示三牛？　　哲庵八五

己未：叀元示又彳歲？　　後上十九・七

乙卯貞：求自上甲六示？——□貞：十示又二，蠢？

合集三四一一一

與大示相對之小示或稱它示，如：

貞：三元示五牛，它示三牛？　　懷特八九八

庚申卜，酒上甲一牛，又示癸一牛？自□示一牢，它示一牛？

合集二二一五九

又有不名大示而直言十示、十示又四、二十示等，如：

辛亥貞：又彳于二示　　明續六五六

〔註30〕參見王貴民，《商周制度考信》，頁44。

　　□亥卜，貞三示：御大乙、大甲、祖乙五　　　佚九一七

　　己丑卜，大貞于五示告：丁、祖乙、祖丁、羌甲、祖辛

　　　　　　　　　　　　　　　　　　　　粹二五〇

　　己亥卜，又自大乙至中丁六示　　　　　　甲一八七＋一九二

　　九世自大乙自丁祖　　　　　　　　　　　粹一四九

　　酚自上甲一牛，至示癸一牛，自大乙九示一牢，秅示一牛

　　　　　　　　　　　　　　　　　　　　京都一二九八

　　丁亥卜，求□十示一牛，十示于來乙巳　　甲六九五

　　甲申卜，貞：酚蟲目上甲——十示又二牛，小示汎羊

　　　　　　　　　　　　　　　　　　　　存一・一七八六

　　壬寅卜：求其伐歸；叀北巫用二十示一牛，二示羊？以四戈虣？

　　　　　　　　　　　　　　　　　　　　合集三四一二一一二

　　癸卯卜，貞：酒求乙巳自上甲二十示一牛，二示羊？土尞四戈虣牢、

　　四戈豕？　　　　　　　　　　　　　　合集三四一二〇

二示指示壬、示癸。三示指大乙、大甲、祖乙。五示則指祖辛至小乙三直系，
另加祖辛弟羌甲與武丁兄丁。六示指上甲至示癸六世直系或大乙至中丁六世
直系。九世指大乙至祖丁九世直系。十世指元示加九世，中間不計三報二示。
十世又指上甲至中丁十二世的直系。二十世則指上甲至武丁二十世的直系。
〔註31〕大示用牛，小示用羊；又殷人於卜祭大小示之時，通常會提到大示之
人名或人數，至於小示之人名或人數則予以從略，這或是因為小示人數較
多，不便全載之緣故，然而由此亦透顯出當時對於大示的重視。大示究竟包
含那些先王？於武丁時期已略見，〔註32〕記載較詳者則見諸第四期貞問祈雨
用牲之卜辭：

　　□未卜：求雨自上甲、大乙、大丁、大甲、大庚、大戊、中丁、祖乙、
　　祖辛、祖丁十示率牡？　　　　　　　　合集三二二八五

王國維據《殷本紀》世數與行款以為：「自大丁至祖丁皆其所自出之先王」，

_____

〔註31〕同註7，頁460～468。

〔註32〕諸如：

　　……于成、大丁、大甲、大庚、大戊、中丁、祖乙……

　　　　　　　　　　　　　　　　　　　　合一四〇三

　　……大甲、大庚……口丁、祖乙、祖……　合一四七四

〔註33〕郭沫若則依周祭譜以爲：「自示壬以下凡所自出之祖，其妣必見於祭典；非所自出之祖，其妣則不見。」〔註34〕顯見大示所祭者當爲「其所自出之先王」，大小示之區別取決於其子曾擔任商王此一條件；由是可見直旁系之分。至於王國維氏舉保定南鄉所出三句兵銘文，以爲「三世兄弟之名先後駢列，無上下貴賤之別」，〔註35〕就稱謂而言或許如此，然而從祭典中得知確不盡然。舉武丁爲例，其除小乙外，尚有三個父：父甲、父庚與父辛，〔註36〕武丁於此四父中，小乙祀典較爲隆崇，其他諸父則否。又如廩辛、康丁除父母外，尚有父己、父庚二父，〔註37〕二父祀典亦不如祖甲隆崇；可見後世之視諸父，並非平等，居於上示地位之生父，其祀典顯然倍受重視。〔註38〕凡子爲王者均可居大示，而南庚父羌甲被排除於十示之外爲此中唯一之特例，張秉權云：

> （一）一世只有一個直系的觀念，在祖庚以前的卜辭資料中，還看不出來，相反地卻有祖辛與羌甲（即沃甲）在武丁和祖庚之世，都被當作直系的大示看待的現象，至少，羌甲（即沃甲）在他的兒子南庚時代是被當作直系的大示的，這一事實，在離南庚之世不遠的武丁和祖庚時代的卜辭中還保存著。

> （二）到了祖甲以後，一世只有一個直系的觀念，逐漸成熟，在祭祀上也有了嚴密的系統，因此，羌甲這個直系的先祖，才被擯於直系的祭祀之外了。……〔註39〕

是以羌甲在第二期時仍爲大示，到了晚期則由於直系觀念之加強、祭祀之趨於系統化，遂不見於大示中。所以稱爲直系者，陳夢家以爲必須符合三個條件：（一）在帝乙、帝辛的「周祭」卜辭中凡直系的配偶皆入祀典，旁系則

〔註33〕見王國維，《殷卜辭中所見先公先王續考》，頁446。

〔註34〕見郭沫若，《卜辭通纂》，第三七、三六二片釋文。

〔註35〕同註5，頁455。

〔註36〕如卜辭：
　　　　父甲、父庚、父辛　　　　　　　　　　　後上二十・九
　　　　陽甲、父庚、父辛　　　　　　　　　　　乙七七六七

〔註37〕如卜辭：
　　　　二父己、父庚　　　　　　　　　　　　　宁一二○六

〔註38〕詳見李學勤，頁32。

〔註39〕見張秉權，〈武丁時的一版復原龜甲〉，《大陸雜誌》，19（10、11）（民國43年12月15日）：99。

否；（二）在某些選祭卜辭中合祭一系先祖一世一王，只有直系入選；（三）在文獻上（據《殷本紀》）凡某王之子繼爲王者，此某王是直系。〔註40〕對於這三個條件是否反映出殷商直、旁系之實際，曾有人提出質疑，〔註41〕其「主觀隨意性」之批評或嫌太過。總而言之，直、旁系現象之存在大體是不會錯的。

由祭祀制度直系諸王之配偶被特祭，旁系諸王的配偶則不見祀典，〔註42〕由此可看出重直系輕旁系，重近親輕遠祖之趨勢；〔註43〕顯然商人是想藉著禮法提升直系親屬的地位，相對地銳減旁系親屬之重要性，同時亦間接地限制了隔代親屬的繼承資格。〔註44〕這種重視父輩祭祀的現象，正是終結弟及而向父死子繼轉變之體現。

二、嫡長子繼承

《尚書·無逸》提到「立王生則逸」，《詩·大雅·桑柔》亦發「滅我立王」之語，是言祖甲改制後始有立儲之制。卜辭中大乙子大丁，未立而卒，仍入衣祭祀典；祖乙未及位而死仍稱「小王」，亦入衣祭祀典；可知殷代已有立「太子」之「例」。卜辭中有「太子」之辭，如：

貞：御子吕太子小宰？十月。　　　　　　前四·一六·六

王錫小臣舌漓積五年，舌用作享太子乙家祀奠，鼎羹，父乙。三代三·五·三·二鼎

第一例是祖庚之太子，第二例爲帝辛已死之太子，推知當有立儲之制。〔註45〕卜辭中又有稱子某爲「王某」及「小王」者，如：

乙未卜，旡貞：◇王◇日◇。　　　　　　前四·二八·七

癸未卜，□◇小王？　　　　　　　　　　合集五〇二九

〔註40〕同註7，頁372。
〔註41〕謝維揚對此發生懷疑，其認爲這些條件本身之存在尚有待論證，未論證前即援取以爲判定殷代血緣關係成熟度的一個首要前題，無疑是有害的，由是透顯出此三條件之主觀隨意性。詳見謝維揚，〈卜辭中直、旁系問題正議〉，《史林》第三期（1989年）。
〔註42〕參見郭沫若，〈古代研究的自我批判〉，錄於《郭沫若全集》歷史編第二卷，頁6～7。
〔註43〕又參見註30，頁53。
〔註44〕同註14，頁134～138。
〔註45〕同註38，頁36。

　　□卜，王貞：凡小王？　　　　　　　　　　　合集二○○二一

　　□小王父己。　　　　　　　　　　　　　　　南明六三一

　　己丑子卜，貞：小王🔲田夫？　　　　　　　庫一二五九

康丁卜辭中之「小王父己」即爲庚甲卜辭中的「兄己」。子🔲稱王🔲，而王位繼承人孝己又稱爲小王、王己。〔註46〕然而「立儲」這一行爲之本身則是被決定的；易言之，它是由嫡庶、長幼之關係而決定的。立嫡長子制見諸於典籍者，有如下數例；《尚書・微子》曰：

　　微子若曰：父師少師，殷其弗或亂正四方，……父師若曰：王子，
　　天毒降災荒殷邦，……。

其次《呂氏春秋・當務》曰：

　　紂之同母三人，其長曰微子啓，其次曰中衍，其次曰受德。受德乃
　　紂也，甚少矣。紂母之生微子啓與中衍也尚爲妾，已而爲妻而生紂。
　　紂之父、紂之母卻置微子啓爲太子，太史據法而爭之曰：「有妻之子，
　　而不可置妾之子。」紂故爲後。

又《史記・殷本紀》曰：

　　帝乙長子爲微子啓，啓母賤不得嗣。少子辛，辛母正后，故立辛爲
　　嗣。

微子啓爲帝乙之元子，故《尚書》中稱微子爲王子；據《史記》所言，微子是殷王辛之庶兄，因其母非正后，是以未能繼位，辛是正后所生，所以得以繼位；然而據《呂氏春秋》所載，啓與辛爲同母所生，其母生啓時爲妾，生辛時爲妻，是以啓、辛二人一爲正一爲庶，此時之王位繼承發生爭執，太史「據法」以爲有嫡子不立，不合乎正道。《呂氏春秋》與《史記》，兩說雖有同母異母之別，但皆隱示商末已有立嫡之制則一也。卜辭有「小王」、「中子」者，如：

　　己未卜，郑子辟小王不？

　　郑子辟中子不？　　　　　　　　　　　　　　合集二○○二三

卜辭中貞問的對象，小王先於中子，曹定雲據以說明嫡長制，其云：「『小王』在『中子』之先，故『小王』應爲長子，是老大，即嫡長。」〔註47〕「小王」的稱謂當是相對於時王而言，至於「中子」則隸屬於親稱中的長幼範疇，此

〔註46〕參見楊樹達，《積微居甲文說卜辭瑣記》，頁 65。
〔註47〕見曹定雲，《殷墟婦好墓銘文研究》，頁 113。

二者能否相提並論是一個問題。「小王」先於「中子」，或許是基於尊卑的考量，尊者在前，卑者在後，所以小王是否為「嫡長子」？令人懷疑。不過長幼區分是中國親屬稱謂的特徵之一，〔註48〕生稱大子、小子，死稱大示、小示，長幼之判別並不難，小王或許長於中子，然而是否為嫡子，就此例無由得知。

郭沫若曰：「如王國維發現『先妣特祭』之例，足證殷代王室還相當重視母權。但我繼進又發現了所特祭的先妣是有父子相承的血統關係的，便是直系諸王的配偶雖被特祭，而兄終弟及的旁系諸王的配偶則不見祀典。這又證明立嫡立長之制在殷代已有它的根蒂。」〔註49〕胡厚宣亦云：「妻子既多，乃有傳子之制，由是而漸有嫡庶之分」，〔註50〕嫡庶之分是人類血緣發展到一定階段時之必然產物，為客觀存在，所以王國維以為：「商人無立嫡之制，故不能有宗法。」〔註51〕之說顯然不完全符合事實；所謂殷代無「嫡庶之制」，只是說殷代沒有以嫡庶為標準進行政治資源分配這樣的一種明文「制度」，而不能據以否定嫡庶關係，或意識之存在。〔註52〕

是以商代前期兄弟相繼者之以大中小區別，武丁以後遂不存，而以「帝」、「介」，亦即嫡、庶之區分取代，〔註53〕所以《殷本紀》有「廢適而更立諸弟子，弟子或爭相代立，比九世亂，於是諸侯莫朝。」之說，故自康丁而後，經武乙、文武丁、帝乙、帝辛四世，漸改為嫡長繼承制，以絕亂源。

摩爾根從古代社會的財產繼承現象中歸納出如下三點原則：〔註54〕

（一）氏族繼承法：在氏族制度建立之後，就出現了第一條繼承大法，它規定把死者的所有物分給其氏族的成員。

（二）同宗繼承法：將財產分給同宗親屬，而將其餘的氏族成員排除在外……，在世系為女系的時候，同宗親屬指的是那些僅僅通過女系而能與這位無遺囑的死者追溯到同一祖先的人；在世系為男系時，則指僅僅通過男系追溯到同一祖先的人。

〔註48〕見本文第二章第三節。

〔註49〕見郭沫若，《十批判書》，錄於《郭沫若全集》歷史編卷二，頁6～7。

〔註50〕參見胡厚宣，《甲骨學商史論叢》初集上，頁133。

〔註51〕同註5，頁458。

〔註52〕參見錢杭，《周代宗法制度史研究》，第一版（上海：學林出版社，民國80年8月），頁30～31。

〔註53〕參見李曦，〈周代伯仲排行稱謂的宗法意義〉，《陝西師大學報》，1（1986年）。

〔註54〕見摩爾根，《古代社會》，頁535、538、550。

（三）後嗣繼承法：在專偶家族個體化和土地成為財產之後，在土地分
　　　配給個人而導致了個人對土地的所有權以後，第三種繼承大法——
　　　把財產給予已故所有者的子女——就必將起而取代同宗繼承
　　　法。

　　通過此三點原則，我們可以看出繼承者之涉及面有逐漸縮小的趨勢；由
於延續血緣共同體本身之內在需要，首領地位之承襲以子繼為主，至於基於
子幼的考量所採取的權變措施，由早期的兄終弟及、叔姪相傳，逐漸縮小至
晚期父死子繼、直系親屬承襲的繼嗣方式。《殷本紀》中僅提及大丁為太子，
帝辛為嫡子；至於言及太子之卜辭亦均集中在殷商晚期，是以至少在殷商後
期已有嫡庶之分，雖然還沒有嚴格的「別子為祖，繼別為宗，繼禰者為小宗」
〔註55〕之制度，但類似的情況已存在。其次，由於王室直系親屬地位的提升，
旁系親屬繼承王位的資格逐漸被剝奪。另一方面，從社會進化的觀點來看，
官僚系統越完備，相對地對君主之所以成為君主，就其本身德性才能之考量
亦越低，只要憑藉其血緣身份即可為王，此可從後世不論賢愚均得以為皇帝
中看出。張秉權以為殷商的鞏固發展與中央之穩固有莫大的關係，其統治機
構，在制度和方法上，均有其獨到之處，〔註56〕推想傳嫡長子之成為「制度」
與當時各種制度之趨於完備有關。

〔註55〕見《禮記・喪服小記》。
〔註56〕同註25，頁422。

第六章 結 論

安陽出土之甲骨，可斷定其年代者有武丁、祖庚、祖甲、廩辛、康丁、武乙、文丁、帝乙、帝辛，此七世九王之卜辭，其內容大部分是王室卜問的記錄，爲殷商第一家族之生活記錄。就卜辭所見殷商家族制度之要點概括如下：

一、殷商之婚姻形態爲一夫一妻制兼行一夫多妻之外婚制。家族之構成始於婚姻，卜辭所見殷商社會已脫離遠古掠奪婚，而繼之以師婚，形式之轉化透顯出質的改變，此際所謂「掠奪婚」，儀式的成分大於實質。又卜辭所見商之王婦來自各「方」，則知其婚姻形式乃以外婚爲主，而婚姻人數則並行一妻或多妻。〔註1〕其次，由於同姓不婚亦即爲廣義的外婚，是以婚姻範圍與婚姻限制兩者緊緊相扣，形影不離，故謂殷商行外婚而無同姓不婚之制，顯然不夠周全。周代嚴格的「同姓不婚制」實際上是商代五世後可以通婚的延續和發展，所謂「娶妻避娶同姓，畏亂災也」，〔註2〕畏亂災蘊藏政治義涵，如是遂有後世一娶九女，以廣異類之現象產生。〔註3〕

二、殷商家族成員之關係呈現出尊長賤卑之態勢。卜辭中常見高於舉稱者二輩或兩輩以上之「祖」「妣」、高於舉稱者一輩之「父」「母」、及與舉稱者同輩之「兄」，唯獨不見卑輩（弟、妹）之親屬稱謂，不見卑輩親稱，當與商代重視尊輩而忽略卑輩有關，因其地位較低，王室罕爲其占卜的緣故。

三、商人家族之禮儀涵括婚姻、生與死三事。婚姻習俗見諸卜辭者，如：

〔註1〕 參見本書第二章第一節。
〔註2〕 見《國語‧晉語四》。
〔註3〕 參見《白虎通義‧嫁娶》。

問名——辛丑卜，爭：勿乎取奠女子？……爭貞：取子𨑃？爭貞：勿

取子𨑃？　　　　　　　　　　　　　　　合集五三六

納吉——貞：弗王乍王妻？　　　　　　　後下三八

親迎——乎取女於林？　　　　　　　　　乙三一八六

癸亥卜，勾逆女？逆以子往？……　　　　合集二二二四六

冥婦——貞：隹唐取帚好？貞：隹大甲？隹且乙？貞：隹唐取帚好？

貞：帚好㞢取上？貞：帚好㞢取不？貞：隹且乙取帚？

　　　　　　　　　　　　　　　　　　　合集二六三七

媵——丁巳卜，弃多宰于柄。丁巳卜，勿弃多宰于柄。乙八二六……

卜辭所見產子禮儀者，如：

求生——辛巳，貞：其求生於妣庚妣丙牡牝白豕。

　　　　　　　　　　　　　　　　　　　拾一‧一〇

卜娩——辛丑卜，㱿貞：帚好有子，二月。　珠六二〇

子子——己亥卜，王，余弗其子帚致子？　前一‧二五‧三

命名——辛亥，子卜貞：婦妥子曰禽，若？　粹一二四〇

其次，卜辭貞問的內容以有關自然神祇與祖先的祭祀爲最多，此二者隨著時
間呈現出相互消長的態勢；易言之，對於自然神祇的祭祀逐漸減少，祭祀重
心轉移至先祖。卜辭所見殷商之祭祖儀式主要有單祭、特祭、合祭、周祭此
四種形式。卜辭所見祭先公高祖、先公先王用燎祭與禘祭者，如：

甲巳卜，古：燎于夒？　　　　　　　　　續一‧一‧一

貞：燎于王亥？　　　　　　　　　　　　前一‧四九‧七

且甲燎其至父丁？　　　　　　　　　　　甲七二九

癸未卜，帝下乙？　　　　　　　　　　　乙四五四九

周祭是商晚期較具體之祭祖形式，特祭則爲宗法發展下的產物。周祭與特祭
呈現出重直系輕旁系，重近親輕遠祖之趨勢。〔註4〕

　　四、每一分支家族，同時也是一個獨立的政治經濟實體，自有其農、牧
及田獵收入，〔註5〕在其家族內亦可發號施令。卜辭所見殷商家族之政經基礎
中，以婦女擁有豐沛之政經資源這一點最爲特別。「惟婦言是用」展現婦女於

────────────

〔註4〕 散見第三章第三節。

〔註5〕 又參見朱鳳瀚，《商周家族形態研究》，頁219。

政治舞臺上之實力，〔註6〕開荒墾地則見其於經濟上之地位。殷周之際顯然是婦女地位大幅變動的時期。

　　五、殷商家族之承襲包含財產繼承與首領地位繼承此二範疇。陳其南云：「就嚴格的意義而言，即使在分產前，父親和兒子也並非財產的共有者（coparceners）。一家族之財產若不是完全在代表該家族之父親手中，即完全均分於代表各房的兒子手中。父親與兒子從來不會站在對等的地位共同擁有一財產。」〔註7〕就殷商社會來說亦復如是，父子非對等擁有一財產，亦非均分於各子手中，乃掌握於家族代表——父親手中。就卜辭所見，知諸婦、諸子各有分封，然而土地對其而言著重於管理權，此處便顯示出「所謂繼承財產或獲得財產之分別，根本是同一土地的所有權和收益分配權的分別」〔註8〕諸婦、諸子之封僅能算是獲得財產，其權限僅止於地上物之分配權。就商王室而言，財產繼承主要是附著於首領地位繼承上。依商王世系表與其在位年數來看，殷商王位承襲是以父死子繼為主，至於祖傳孫、兄終弟及、叔姪相傳，這類傳位制度則在歷史演程中逐漸脫落；上述隔代親屬繼嗣方式的排除，一方面是文化進展使然，另方面又可減少內亂的發生。又至少從康丁起實施傳嫡長子制，直到殷商末年才強調立嫡，立嫡的觀念雖存在較早，其制度卻是逐漸形成的。

　　所謂「殷因於夏禮，所損益可知也。周因於殷禮，所損益可知也，其或繼周者，雖百世可知也。」〔註9〕文化之發展乃層累而上，有一定的次第；任何制度皆無法憑空產生，均是吸取前代之經驗，逐漸凝聚而成，是以殷周兩代之禮制，彼此間或有因革損益的關係。其次，典籍每將殷周同虞夏相提並論，如《禮記·表記》有文：「子曰：虞夏之道，寡怨於民；殷周之道，不勝其敝。子曰：虞夏之質，殷周之文，至矣。虞夏之文不勝其質，殷周之質不勝其文。」殷周之文至矣，殷周連文，儼然一體。郭沫若云：

　　　　西周的文化大體上是承襲殷人的遺產。我們從周初的彝器來看，或從《尚書》裏面的〈大誥〉、〈康誥〉、〈酒誥〉、〈召誥〉、〈洛誥〉、〈多士〉、〈多方〉、〈無逸〉、〈君奭〉那幾篇來看，周人自己都承認著是

〔註6〕見《書·牧誓》。
〔註7〕見陳其南，《家族與社會》，頁153。
〔註8〕同前註，頁167。
〔註9〕見《論語·為政》。

接受了殷人的遺產，而且要以殷先哲王爲模範。故從文字結構上看不出差別，在器物形制上看不出差別，甚至如年月日的寫法一如歐洲的方式把年放在最後，也看不出差別。殷人用卜，周人也用卜，只是我們現在還沒有周人的甲骨文字而已，誰也不能斷定，周人一定沒有。殷人祀天，周人也祈天。殷人祭祖宗，周人也祭祖宗。侯甸男邦采衛是沿用著殷人的體制。所以一切的內服、外服也一仍舊貫。〔註10〕

其說誠然，〔註11〕周人禮制之臻於完備當其來有自。至於卜辭中尚未能確定的迎后、廟見、于歸等禮制，有待來日之新材料，再作進一步探討。

〔註10〕見郭沫若，《十批判書·古代研究的自我批判》。

〔註11〕惟周人甲骨今已現。歷年出土甲骨中有五處出土有字甲骨：山西洪趙坊堆村出土一片、陝西長安張家坡出土三片、北京昌平白浮出土四片、陝西岐山鳳雛出土二八九片、扶風齊家出土六片，上述已公布者有三○二片，一○四一字。參見王宇信，《甲古學通論》第一版（北京：中國社會出版社，民國 78 年 6 月），頁 377～378。

參考書目

一、經籍類

1. 《十三經注疏本》，十一版。台北：藝文，民國 78 年 1 月。
2. 《國語》，里仁書局校注本。台北：里仁書局，民國 70 年 12 月。
3. 王先謙撰，《荀子集解》，五版。台北：藝文，民國 77 年 6 月。
4. 王逸章句，《楚辭補注》，再版。台北：商務，民國 68 年 5 月。
5. 司馬遷撰、裴駰等三家注，《史記》，再版。台北：宏業書局，民國 76 年 6 月 30 日。
6. 朱師轍，《商君書解詁》，四版。台北：世界書局，民國 62 年 12 月。
7. 杜佑，《通典》，清咸豐九年崇仁謝氏刊本。
8. 沈約注、徐文靖箋，《竹書紀年統箋》，初版。台北：藝文，民國 55 年 1 月。
9. 孫詒讓，《墨子閒詁》，三版。台北：藝文，民國 70 年 2 月。
10. 桓寬，《鹽鐵論》，臺三版。台北，中華書局，民國 60 年 11 月。
11. 班固撰、唐顏師古注，《白虎通義》，臺一版。台北：商務，民國 57 年 3 月。
12. 班固撰、唐顏師古注，《漢書》再版。台北：宏業書局，民國 81 年 4 月 30 日。
13. 馬敘倫，《莊子義証》，初版。台北：弘道文化事業有限公司，民國 59 年 10 月。
14. 高誘注，《呂氏春秋校釋》，臺一版。台北：世界書局，民國 78 年 8 月。
15. 張揖撰、王念孫疏証，《廣雅》，初版。台北：廣文書局，民國 60 年 10 月。
16. 許慎撰、清段玉裁注，《五經異義》，錄於《景印文淵閣四庫全書》經部一七六。台北：商務，民國 75 年 3 月。
17. 許慎撰、清段玉裁注，《說文解字注》，六版。台北：藝文，民國 78 年。

18. 郭璞注,《山海經箋疏》,臺五版。台北:中華書局,民國 71 年 4 月。

19. 劉安,《淮南子》,初版。台北:世界書局,民國 45 年 2 月。

20. 劉熙,《釋名》,錄於《叢書集成新編》,臺一版。台北:新文豐,民國 75 年 1 月。

21. 鄭樵著、何天馬校,《通志》,臺一版。台北:里仁書局,民國 71 年 8 月。

22. 顏之推撰、趙曦明注、盧文弨補注,《顏氏家訓》,臺二版。台北:商務,民國 75 年 2 月。

23. 魏收,《魏書》,初版。台北:鼎文書局,民國 64 年。

24. 顧炎武,《日知錄》,六版。台北:世界書局,民國 70 年 4 月。

二、甲骨學、文字學類

1. 《甲骨文編》,中科院考古研究所編輯,第一版。北京:中華書局,民國 81 年 2 月。

2. 丁山,《甲骨文所見氏族及其制度》,初版。台北:大通書局,民國 60 年 12 月。

3. 丁福保編纂,《說文解字詁林》,台一版。台北:商務,民國 65 年 2 月。

4. 于省吾,《甲骨文字釋林》,第一版。北京:中華書局,民國 68 年。

5. 方述鑫,《殷墟卜辭斷代研究》,初版。台北:文津出版社,民國 81 年 7 月。

6. 王宇信,《甲骨文與殷商史》,第一版。上海:上海古籍出版,民國 80 年 8 月。

7. 王宇信,《甲骨學通論》,第一版。北京:中國社會科學出版社,民國 78 年 6 月。

8. 王宇信,《建國以來甲骨文研究》,第一版。北京:中華社會科學出版社,民國 70 年 3 月。

9. 白川靜,《甲骨文的世界──古殷王朝的締構》,初版。台北:巨流圖書,民國 66 年 9 月。

10. 白玉崢,《契文舉例校讀》,初版。台北:藝文,民國 77 年 3 月。

11. 朱歧祥編,《甲骨四堂論文選集》,初版。台北:學生書局,民國 79 年 8 月。

12. 朱芳圃,《甲骨學文字編》,台四版。台北:商務,民國 72 年 8 月。

13. 朱芳圃,《甲骨學商史編》,影印二版。香港:香港書店,民國 62 年。

14. 朱芳圃,《殷周文字叢釋》,第一版。北京:中華書局,民國 51 年 1 月。

15. 朱鳳瀚,〈論殷墟卜辭中的「大示」及其相關問題〉,錄於《古文字研究》第十六輯,第一版,頁 36～48。北京:中華書局,民國 78 年 9 月。

16. 吳大澂,《說文古籀補》,臺一版。台北:商務,民國 57 年 6 月。

17. 吳其昌,《殷墟書契解詁》,初版。台北:藝文,民國 49 年 6 月。

18. 吳浩坤、潘悠，《中國甲骨學史》，初版。台北：貫雅文化，民國 79 年 9
    月。

19. 李孝定，《甲骨文字集釋》，再版。台北：中研院史語所，民國 59 年 10
    月。

20. 李學勤，〈殷墟甲骨分期的兩系說〉，錄於《古文字研究》第十八輯，第
    一版，頁 26～30。北京：中華書局，民國 81 年 8 月。

21. 周傳儒，《甲骨文字與殷商制度》。台北：秦順書局。

22. 屈萬里，《殷墟文字甲編考釋》，初版。台北：中研院史語所，民國 50 年
    6 月。

23. 林澐，〈從武丁時代的幾種「子卜辭」試論商代的家族形態〉，錄於《古
    文字學》第一輯，第一版，頁 314～336。北京：中華書局，民國 67 年 8
    月。

24. 前川捷三著、范毓周譯，〈關于午組卜辭的考察〉，《古文字研究》第八輯，
    第一版，頁 189～206。北京：中華書局，民國 72 年 2 月。

25. 姚孝遂主編、肖丁副主編，《殷墟甲骨刻辭摹釋總集》，第一版。北京：
    中華書局，民國 77 年 2 月。

26. 胡厚宣，〈中國奴隸社會最高統治者的稱號問題〉，見《紀念顧頡剛學術
    論文集》，第一版。成都：巴蜀書社，民國 79 年 4 月。

27. 胡厚宣，《五十年甲古學論著目》。北京：中華書局，民國 41 年 1 月。

28. 胡厚宣，《甲骨文與殷商史》第二輯，第一版。上海：上海古籍出版，民
    國 75 年 6 月。

29. 胡厚宣，《甲骨學商史論叢初集》，初版。台北：大通書局，民國 61 年
    10 月。

30. 胡厚宣，《甲骨學商史論叢續集》，初版。台北：大通書局，民國 62 年 3
    月。

31. 韋政通，《中國哲學思想批判》。台北：水牛出版社。

32. 唐蘭，《天壤閣甲骨文存并考釋》。北平：輔仁大學，民國 28 年。

33. 唐蘭，《古文字學導論》，臺影印初版。台北：河洛圖書，民國 69 年。

34. 唐蘭，《殷墟文字記》，第一版。北京：中華書局，民國 70 年 5 月。

35. 孫詒讓，《名原》，見《孫籀廎先生集》，初版。台北：藝文，民國 52 年
    4 月。

36. 孫詒讓，《契文舉例》，見《孫籀廎先生集》，初版。台北：藝文，民國
    52 年。

37. 島邦男編，《殷虛卜辭研究》，初版。台北：鼎文書局，民國 64 年 12 月。

38. 島邦男編，《殷虛卜辭綜類》。東京：株式會社大安，民國 56 年 11 月 15

日。

39. 徐中舒，《甲骨文字典》，第一版。成都：四川辭書出版社，民國77年11月。

40. 馬如龍，《殷墟甲骨文引論》，第一版。長春：東北師範大學出版社，民國82年4月。

41. 高明，〈從甲骨文中所見王與帝的實質看商代社會〉，錄於《古文字研究》第十六輯，第一版，頁21～28。北京：中華書局，民國78年9月。

42. 高明，《中國古文字學通論》。台北：仰哲出版社。

43. 高明，《古文字類編》，第一版。北京：中華書局，民國69年11月。

44. 高鴻縉，《中國字例》，三版。台北：廣文書局，民國53年。

45. 康殷，《文字源流淺說》，第一版。北京：國際文化出版公司，民國81年1月。

46. 張永山，〈試析「錫多女出貝朋」〉，錄於《古文字研究》第十六輯，第一版，頁29～35。北京：中華書局，民國78年9月。

47. 張永山、羅琨，〈論歷組卜辭的年代〉，錄於《古文字研究》第三輯，第一版，頁80～103。北京：中華書局，民國69年11月。

48. 張秉權，《甲骨文與甲骨學》。台北：國立編譯館，民國77年9月。

49. 張秉權，《殷墟文字丙編考釋》。台北：中研院史語所，民國46年。

50. 郭沫若，《甲骨文字研究》。北京：科學出版社，民國51年11月。

51. 郭沫若，《殷墟萃編考釋》，初版。台北：大通書局，民國62年2月。

52. 陳偉湛，〈甲骨文同義詞研究〉，見《古文字學論集》初編，常宗豪編，第一版。香港：港大中國文化研究所，民國72年5月。

53. 陳夢家，《殷墟卜辭綜述》，初版。北京：科學出版社，民國45年7月。

54. 陶希聖主編、李實著，《由甲骨詮證三代科技財經與管理》，初版。台北：新文豐，民國65年4月。

55. 彭裕商，〈非王卜辭研究〉，錄於《古文字研究》第十三輯，第一版，頁57～81。北京：中華書局，民國75年6月。

56. 彭裕商，〈𠂤組卜辭分類研究及其它〉，錄於《古文字研究》第十八輯，第一版，頁94～120。北京：中華書局，民國81年8月。

57. 黃天樹，《殷墟王卜辭的分類與斷代》，初版。台北：文津，民國80年11月。

58. 葉玉森，《殷墟書契前編集釋》，初版。台北：藝文，民國55年10月。

59. 董作賓，《中國年曆檢譜》，再版。台北：藝文，民國63年2月。

60. 董作賓，《甲骨學六十年》，初版。台北：藝文，民國54年6月。

61. 董作賓，《殷曆譜》，景印二版。台北：中研院史語所，民國 81 年 9 月。

62. 董作賓，《董作賓學術論著》上、下，初版。台北：世界書局，民國 51 年 2 月。

63. 裘錫圭，《古文字論集》，第一版。北京：中華書局，民國 81 年 8 月。

64. 趙誠，〈諸帚探索〉，錄於《古文字研究》第十二輯，第一版。北京：中華書局，民國 75 年 10 月。

65. 趙誠，《甲骨文字學》，第一版。北京：商務，民國 82 年 1 月。

66. 趙誠，《甲骨文簡明詞典》，第一版。北京：中華書局，民國 77 年 1 月。

67. 濮茅左編，《甲骨學與商史論著目錄》，第一版。上海：上海古籍出版社，民國 80 年 12 月。

68. 羅振玉，《增定殷墟書契考釋》，四版。台北：藝文，民國 70 年 3 月。

69. 羅琨，〈釋家〉，錄於《古文字研究》第十七輯，第一版，頁 210～217。北京：中華書局，民國 78 年 6 月。

70. 嚴一萍，《凡將齋所藏殷墟文字考釋》，初版。台北：藝文，民國 68 年 4 月。

71. 嚴一萍，《甲骨學》，初版。台北：藝文，民國 62 年 2 月。

72. 饒宗頤，〈由「余弗子」論殷代爲婦子卜命名之禮俗〉，錄於《古文字研究》第十六輯，第一版。北京：中華書局，民國 78 年 9 月。

三、考古學類

1. 《民和陽山》，青海省文物考古研究所，第一版。北京：文物出版社，民國 79 年 12 月。

2. 中國社科院考古研究所編著，《新中國的考古發現和研究》，第一版。北京：文物出版社，民國 73 年 5 月。

3. 中國社科院歷史研究所、中國社科院考古研究所合編，《安陽殷墟頭骨研究》，第一版。北京：文物出版，民國 74 年 6 月。

4. 文物編輯委員會編，《文物考古工作十年一九七九——一九八九》，第一版。北京：文物出版社，民國 80 年 1 月。

5. 北京大學考古系編，《紀念北京大學考古專業三十週年論文集一九五二——一九八七》，第一版。北京：文物出版社，民國 79 年 6 月。

6. 安志敏，《中國新石器時代論集》，第一版。北京：文物出版社，民國 71 年 12 月。

7. 李瑾，《殷周考古論著》，第一版。開封：河南大學出版社，民國 81 年 3 月。

8. 汪寧生，《民族考古學論集》，第一版。北京：文物出版社，民國 78 年 1 月。

9. 段振美，《殷墟考古史》，第一版。鄭州市：中州古籍出版社，民國 80 年 8 月。

10. 張之恒，《中國考古學通論》，第一版。南京：南京大學出版，民國 80 年

12 月。

11. 張之恒,《中國新石器時代文化》,第一版。南京:南京大學出版社,民國 77 年 10 月。

12. 張忠培,《中國北方考古文集》,第一版。北京:文物出版社,民國 79 年 3 月。

13. 鄒衡,《夏商周考古學論文集》,第一版。北京:文物出版社,民國 69 年 6 月。

14. 嚴文明,《仰韶文化研究》,第一版。北京:文物出版社,民國 78 年 10 月。

15. 蘇秉琦,《考古學文化論集》,第一版,北京:文物出版社,民國 76 年 12 月。

四、一般圖書類

1. 《中國上古史待定稿——殷商類》,中研院史語所集刊。台北:中研院史語所中國上古史編輯委員會,民國 74 年 4 月。

2. 方炫琛,《周代姓氏二分及其起源試探》,初版。台北:學海出版社,民國 77 年 3 月。

3. 王玉波,《歷史上的家長制》。台北:谷風出版社,民國 77 年 6 月。

4. 王國維,《觀堂集林》,影印初版。台北:河洛圖書出版社,民國 64 年 3 月。

5. 王祥齡,《中國古代崇祖敬天思想》,初版。台北:學生書局,民國 81 年 2 月。

6. 王貴民,《商周制度考信》,初版。台北:明文書局,民國 78 年 12 月。

7. 朱鳳瀚,《商周家族形態研究》,第一版。天津:天津古籍出版社,民國 79 年 8 月。

8. 吳浩坤,《古史探索與古籍研究》,初版。台北:貫雅文化事業有限公司,民國 79 年 12 月。

9. 宋兆麟、黎家芳、杜耀西,《中國原始社會史》,第一版。北京:文物出版社,民國 72 年 3 月。

10. 宋新潮,《殷商文化區域研究》,第一版。西安:陝西人民出版社,民國 80 年 10 月。

11. 李亦園、喬健合編,〈中國家族的定義〉,見《中國的民族社會與文化》,初版。台北:食貨出版社,民國 70 年。

12. 李宗侗,《中國古代社會史》,再版。台北:中華文化出版事業社,民國 52 年 4 月。

13. 李學勤,《殷代地理簡論》,初版。台北:木鐸出版社,民國 71 年 4 月。

14. 李衡昌,《論昭穆制度》,初版。台北:文津,民國 81 年 9 月。

15. 杜正勝編,《中國上古史論文選集》,初版。台北:華世出版社,民國 68

年 11 月。

16. 周鴻翔，《商殷帝王本紀》。香港：作者自印，民國 47 年 12 月。

17. 尚秉和，《歷代社會風俗事物考》，臺一版。台北：商務，民國 55 年 2 月。

18. 屈萬里，《先秦文化資料考辨》，初版。台北：聯經，民國 72 年。

19. 屈萬里，《書傭論學集》，二版。台北：開明書局，民國 69 年 1 月。

20. 林美容，《漢語親屬稱謂的結構分析》，初版。台北：稻香出版社，民國 79 年 4 月。

21. 林惠祥，《民俗學》，台四版。台北：商務，民國 75 年 11 月。

22. 邱衍文，《中國上古禮制考辨》，初版。台北：文津出版社，民國 79 年 6 月。

23. 金景芳，《中國奴隸社會史》，第一版。上海：上海人民出版社，民國 72 年 7 月。

24. 金觀濤、劉青峰，《興盛與危機》，初版。台北：風雲時代出版，民國 78 年 11 月。

25. 芮逸夫，《中國民族及其文化論稿》，初版。台北：藝文，民國 61 年 6 月

26. 芮逸夫，《雲五社會科學大辭典‧人類學分冊》二版。台北：商務，民國 70 年 7 月。

27. 姜蘊剛，《中國古代社會史》，臺一版。台北：華世出版社，民國 68 年。

28. 夏鼐，《中國文明的起源》，初版。台北：滄浪出版社，民國 75 年 9 月。

29. 孫淼，《夏商史稿》，第一版。北京：文物出版社，民國 78 年 12 月。

30. 徐中舒，《上古史論》。台北：天山出版社，民國 75 年 2 月。

31. 徐仲舒，《先秦史論稿》，第一版。成都：巴蜀書社出版，民國 81 年 8 月。

32. 徐亮之，《中國史前史話》，再版。香港：亞洲出版社。

33. 恩斯特‧卡西爾（Ernst Cassirer），《人論》，初版。台北：結構群，民國 80 年 12 月。

34. 晁福林，《天玄地黃——中國上古文化溯源》，第一版。成都：巴蜀書社，民國 79 年 12 月。

35. 高達觀，《中國家族社會之演變》，臺一版。台北：九思出版社，民國 67 年 3 月 20 日。

36. 常玉芝，《商代周祭制度》，第一版。北京：中國社會科學出版社，民國 76 年 9 月。

37. 張光直，《中國青銅時代》，初版。台北：聯經，民國 72 年 4 月。

38. 張光直，《中國青銅時代第二集》，初版。台北：聯經，民國 79 年 11 月。

39. 張光直，《考古學專題六講》，初版。台北：稻香出版社，民國 77 年 9 月。

40. 張秉楠,《商周政體研究》,第一版。遼寧省：遼寧人民出版社,民國76年1月。

41. 張恭啓、于嘉雲合譯,基辛（R. Keesing）著,《文化人類學》,第一版。台北：巨流圖書公司,民國78年9月。

42. 張樹棟、劉廣明,《古代文明的起源與演進》,第一版。南京：南京大學出版社,民國80年7月。

43. 曹定雲,《殷墟婦好墓銘文研究》,初版。台北：文津出版社,民國82年12月。

44. 梁啓超,《中國文化史社會組織篇》,臺七版。台北：中華書局,民國69年8月。

45. 許倬雲,《西周史》,初版。台北：聯經,民國73年10月。

46. 許倬雲,《求古編》,再版。台北：聯經,民國73年3月。

47. 許進雄,《中國古代社會——文字與文字學的透視》,初版。台北：商務,民國77年9月。

48. 郭沫若,《郭沫若全集》歷史編,第一版。北京：人民出版社,民國71年9月。

49. 郭寶鈞,《中國青銅器時代》。臺北：駱駝出版社,民國76年7月。

50. 陳戍國,《先秦禮制研究》,第一版。湖南：湖南教育出版,民國80年12月。

51. 陳其南,《家族與社會》,初版。台北：聯經,民國79年3月。

52. 陳國鈞,《文化人類會》,三版。台北：三民書局,民國81年。

53. 陳顧遠,《中國古代婚姻史》,臺一版。台北：商務,民國53年10月。

54. 陳顧遠,《中國婚姻史》,臺一版。台北：商務,民國81年9月。

55. 傅佩榮譯、Louis Dupre 作,《人的宗教向度》,初版。台北：幼獅,民國75年12月。

56. 傅斯年,《性命古訓辨証》,錄於《傅斯年全集》第二冊,初版。台北：聯經,民國69年9月。

57. 黃然偉,《殷禮考實》,初版。台北：台灣大學文學院,民國56年7月。

58. 楊東蓴等譯、路易斯・亨利・摩爾根（L. H. Morgan）著,《古代社會》,第一版。北京：商務,民國66年8月。

59. 楊國樞主編,《中國人的心理》,初版。台北：桂冠,民國77年3月。

60. 楊寬,《中國上古史導論》,見《古史辨》第七冊,初版。台北：明倫出版社,民國59年3月。

61. 管東貴,〈中國古代的娣媵制與試婚制〉,見《中研院國際漢學會議論文集民俗文化組》,民國70年10月10日。

62. 趙光賢，《古史考辨》，第一版。北京：北京師大出版社，民國 76 年 8 月。

63. 趙林，〈商代的傳宗法與傳位法〉，見政大中研所、中文系主編《漢學論文集》第二集，初版。台北：文史哲出版社，民國 72 年。

64. 劉師培，《中國歷史教科書》，錄於《劉申叔先生遺書》，初版。台北：世華出版社，民國 64 年 4 月。

65. 劉節，《中國古代宗族移殖史論》，臺二版。台北：正中書局，民國 60 年 5 月。

66. 劉廣明，《宗法中國》，第一版。上海：三聯書局，民國 82 年 6 月。

67. 衛聚賢，《中國社會史》，臺再版。台北：石室出版社，民國 64 年。

68. 鄭慧生，《上古華夏婦女與婚姻》，第一版。鄭州市：河南人民出版社，民國 77 年 8 月。

69. 黎東方，《中國上古史八編》，第一版。台北：華岡出版，民國 72 年 9 月。

70. 錢杭，《周代宗法制度史研究》，第一版。上海：學林出版社，民國 80 年 8 月。

71. 謝康，《中國社會制度研究》，初版。台北：成文出版社，民國 69 年 9 月。

72. 謝維揚，《周代家庭形態》，第一版。北京：中國社會科學出版社，民國 79 年 6 月。

73. 謝繼昌，《仰之村的家族組織》。台北：中研院民族所，民國 73 年 9 月。

74. 羅維著、呂淑湘譯，《初民社會》，初版。上海：商務，民國 25 年 6 月。

75. 顧頡剛，《古史辨》，台初版。台北：明倫出版社，民國 59 年 3 月。

五、論文類

1. 江美華，《甲金文中宗廟祭禮之研究》，民國 72 年政大中研所碩士論文。

2. 金經一，《甲文所見殷人崇祖意識型態之研究》，民國 78 年文化中研所博士論文。

3. 孫叡徹，《從甲骨卜辭來研討殷商的祭祀》，民國 69 年台大中研所碩士論文。

4. 梁煌儀，《周代宗廟祭禮之研究》，民國 75 年師大博士論文。

5. 黃慶聲，《殷代田獵研究》，民國 66 年政大碩士論文。

6. 黃競新，《從卜辭經史考殷商氏族源流》，民國 71 年台大中研所博士論文。

7. 蔡哲茂，《殷禮叢考》，民國 67 年 5 月台大中研所碩士論文。

8. 鐘柏生，《卜辭中所見殷王田游地名考——兼論田游地名研究方法》，民國 61 年台大中文研究所碩士論文。

六、期刊類

1. 丁山，〈宗法考源〉，《中研院史語所集刊》，第四本第四分，民國 23 年，頁 399～415。

2. 丁驌，〈再論商王妣廟號的兩組說〉，《中研院史語所集刊》第二十期，民國 55 年，頁 41～76。

3. 丁驌，〈說女〉，《中國文字》第三十七冊，民國 59 年 9 月，頁 1～4。

4. 丁驌，〈說后〉，《中國文字》第三十一冊，頁 1～6。

5. 丁驌，〈諸姙母〉，《中國文字》第三十三冊，頁 1～6。

6. 丁驌，〈論殷王妣諡號〉，《中研院民族研究所集刊》第十九期，民國 54 年，頁 71～77。

7. 于宇信，〈甲骨學研究九十年〉，《史學月刊》1989 年第四期，頁 15～27。

8. 于省吾，〈略論甲骨文「自上甲六示」的廟號以及我國成立歷史的開始〉，《社會科學戰線》1978 年第一期，頁 333～335。

9. 于省吾，〈駁唐蘭先生「關於商代社會性質的討論」〉，《歷史研究》1985 年第八期，頁 59～71。

10. 王仲舒，〈中國古代墓葬概說〉，《考古》1981 年第五期，頁 449～458。

11. 王宇信、張永山、楊升南，〈試論殷墟五號墓的「婦好」〉，《考古學報》1977 年第二期，頁 1～21。

12. 王承祒，〈試論殷代的「奚」「妾」「祒」的社會身分〉，《北大學報——人文科學》1955 年第一期，頁 111～118。

13. 王承祒，〈試論殷代的直接生產者——釋羌釋眾〉，《文史哲》1954 年第六期，頁 39～43。

14. 王明閣，〈從卜辭中「田」的記載看殷代土地王權所有制〉，《北方論叢》1981 年第四期，頁 94～98。

15. 王明閣，〈對卜辭中「王其田」的幾點看法〉，《北方論叢》1979 年第五期，頁 110～114。

16. 王貴民，〈就甲骨文所見試說商代的王室田庄〉，《中國史研究》1980 年第三期，頁 57～72。

17. 田倩君，〈商朝宗教與宗法探源〉，《教學與研究》第七期，民國 74 年 6 月，頁 139～152。

18. 田倩君，〈說家〉，《中國文字》第二十三冊，民國 56 年 3 月，頁 1～10。

19. 田倩君，〈說婚〉，《中國文字》第十九期，頁 1～9。

20. 田倩君，〈釋女〉，《中國文字》第十二冊，民國 52 年 6 月，頁 1～5。

21. 朱鳳瀚，〈殷墟卜辭所見商王室宗廟制度〉，《歷史學報》1990 年第六期，頁 3～19。

22. 牟潤孫，〈春秋時代母系遺俗公羊證義〉，《新亞學報》第一期，頁 381～421。

23. 吳燕和，〈中國宗族之發展與其儀式興衰的條件〉，《中研院史語所集刊》第五十九期，民國 74 年，頁 131～141。

24. 李學勤，〈帝乙時代的非王卜辭〉，《考古學報》1958 年第一期，頁 43～74。

25. 李學勤，〈評陳夢家殷墟卜辭綜述〉，《考古學報》1957 年第三期，頁 119～129。

26. 李學勤，〈論「婦好」墓的年代及有關問題〉，《文物》1977 第十一期，頁 32～37。

27. 李學勤，〈論殷代親族制度〉，《文史哲》1957 年十一期，頁 31～36。

28. 杜正勝，〈中國古代社會史重建的省思〉，《大陸雜誌》八十二卷第一期，民國 80 年 1 月 5 日，頁 15～30。

29. 杜正勝，〈傳統家族試論〉上、下，《大陸雜誌》六十五卷二、三期，民國 71 年，頁 25～49。

30. 杜學知，〈家庭制度之特徵〉，《大陸雜誌》第八卷四期，民國 43 年 2 月 28 日，頁 14～18。

31. 汪宇生，〈仰韶文化葬俗和社會組織的研究〉，《文物》1987 年第四期，頁 36～43。

32. 貝塚茂樹，〈甲骨學概說〉，《大陸雜誌》十七卷一、二期，民國 47 年 7 月 15、31 日，頁 22～30、23～29。

33. 周永珍，〈殷代墓葬形制〉，《考古通訊》1955 年第六期，頁 42～48。

34. 屈萬里，〈史記殷本紀及其他記錄中所載殷商時代的史事〉，《文史哲學報》第十四期，民國 54 年 11 月，頁 87～118。

35. 屈萬里，〈諡法濫觴於殷代論〉，《中研院史語所集刊》第十三本，民國 37 年，219～226。

36. 林衡立，〈評張光直"商王廟號新考"中的論證法〉，《中研院民族研究所集刊》第十九期，民國 54 年，頁 115～119。

37. 河南省文化局文物工作隊，〈一九五八年春河南安陽市大司空村殷代墓葬發掘簡報〉，《考古通訊》1958 年第十期，頁 51～62。

38. 金祥恆，〈卜辭中所見殷商宗廟及殷祭考〉，《大陸雜誌》第二十卷八、九、十期，民國 49 年 4 月～5 月，頁 21～25、19～23、20～25。

39. 金祥恆，〈甲骨文假借字續說——比母〉，《中國文字》第十六冊，民國 54 年 6 月，頁 1～6。

40. 金祥恆，〈說卜辭中之子畫〉，《中國文字》第四十二冊，民國 60 年 12 月，頁 1～13。

41. 金祥恆，〈釋奴〉，《中國文字》第十二冊，民國 52 年 6 月，頁 1～9。

42. 金祥恆，〈釋生〉上、下，《中國文字》第五、六冊，頁 1～35。

43. 金祥恆，〈釋后〉，《中國文字》第十冊，民國 51 年 12 月，頁 1。

44. 芮逸夫，〈釋甥舅之國〉，《中研院史語所集刊》第三十本上，民國 48 年 10 月，頁 237～258。

45. 胡厚宣，〈甲骨文所見殷代奴隸的反壓迫鬥爭〉，《考古學報》1976 年第一期，頁 1～18。

46. 胡厚宣，〈說貴田〉，《歷史研究》1957 年第七期，頁 59～70。

47. 凌純聲，〈中國祖廟的起源〉，《中研院民族研究所集刊》第七期，民國 48 年，頁 141～176。

48. 唐蘭，〈卜辭時代的文學和卜辭文學〉，《清華學報》第十一卷三期，民國 25 年 7 月，頁 675～702。

49. 唐蘭，〈關于商代社會性質的討論〉，《歷史研究》1958 年第一期，頁 17～27。

50. 孫健，〈商周土地國有制試析〉，《思想戰線》，民國 80 年 2 月，頁 87～94。

51. 孫曉春，〈試論商代的父系家族公社〉，《史學集刊》，民國 80 年 3 月，頁 7～13。

52. 徐中舒，〈中國古代的父系家庭及其親屬稱謂〉，《四川大學學報》哲學社會科學版 1980 年第一期，頁 110～112。

53. 徐中舒，〈殷商史中的幾個問題〉，《四川大學學報》哲學社會科學版 1979 年第二期，頁 108～112。

54. 徐中舒，〈論西周是封建制社會──兼論殷代社會性質〉，《歷史研究》1957 年第五期，頁 55～78。

55. 徐喜辰，〈「籍田」即「國」中「公田」說〉，《吉林師大學報》1964 年第二期，頁 77～93。

56. 徐喜辰，〈商殷奴隸制特徵的探討〉，《東北師範大學》科學集刊 1956 年第一期，頁 9～25。

57. 晁福林，〈試論殷代的王權與神權〉，《社會科學戰線》1984 年第四期，頁 96～102。

58. 常玉芝，〈論商代王位繼承制〉，《中國史研究》1992 年第四期，頁 59～68。

59. 張光直，〈中國遠古時代儀式生活的若干資料〉，《中研院民族所集刊》第九期，民國 49 年，頁 253～270。

60. 張光直，〈商史新料三則〉，《中研院史語所集刊》第五十本四分，民國 68 年 12 月，頁 741～765。

61. 張光直，〈關於『商王廟號新考』一文的補充意見〉，《中研院民族研究所集刊》第十九期，民國 54 年，頁 53～69。

62. 張秉權，〈武丁時的一版復原龜甲〉，《大陸雜誌》第十、十一期合刊，民國 53 年 12 月 15 日，頁 97～99。

63. 張政烺，〈帚好略說〉，《考古》1983 年第六期，頁 539～541。

64. 張政烺，〈奭字說〉，《中研院史語所集刊》第十三本，民國 37 年，頁 165～171。

65. 張雪明，〈釋「尼田」〉，《武漢大學學報》哲學社會科學版 1979 年第四期，頁 52～55。

66. 張緒通，〈中國的家制〉上、中、下，《法學叢刊》第十八、十九、二一，民國 49 年，頁 98～110、57～64、126～137。

67. 梁國眞，〈論商代的王位繼承制度〉，《中國歷史學會史學集刊》第二十一期，民國 78 年 7 月，頁 1～15。

68. 許倬雲，〈關於『商王廟號新考』一文的幾點意見〉，《中研院史語所集刊》第十九期，民國 54 年，頁 81～87。

69. 許進雄，〈文字所表現的葬俗〉，《中國文字》新二期，民國 69 年 9 月，頁 161～175。

70. 許進雄，〈對張光直先生的"商王廟號新考"的幾點意見〉，《中研院民族研究所集刊》第十九期，民國 54 年，頁 121～135。

71. 許進雄，〈說奭〉，《中國文字》第十三冊，民國 53 年 9 月，頁 1～11。

72. 陳其南，〈中國古代之親屬制度——再論商王廟號的社會結構意義〉，《中研院民族研究所集刊》第三十五期，民國 62 年，頁 129～144。

73. 陳夢家，〈古文字中之商周祭祀〉，《燕京學報》第十九期，民國 25 年 6 月，頁 91～155。

74. 陳夢家，〈商代的神話與巫術〉，《燕京學報》第二十期，民國 25 年，頁 486～576。

75. 陸懋德，〈由甲骨文考見商代之文化〉，《清華學報》第四卷第二期，民國 16 年 12 月，頁 1319～1335。

76. 程憬，〈商民族的氏族社會〉，《中山大學語言歷史學研究所週刊》，民國 17 年 7 月，頁 1387～1398。

77. 黃彰健，〈論秦以前的賜姓制度〉，《大陸雜誌》十四卷十一、十二期，民國 46 年 6 月，頁 7～12、17～22。

78. 楊升南，〈商代的土地制度〉，《中國史研究》，民國 80 年 4 月，頁 47～59。

79. 楊升南，〈商代的財政制度〉，《歷史研究》，民國 81 年 5 月，頁 81～94。

80. 楊作龍、孫永成，〈我國國家形成前後土地所有制變化研究〉，《洛陽師專學報》，民國 80 年 4 月，頁 53～60。

81. 楊希枚，〈姓字古義析證〉，《中研院史語所集刊》第二十三本下冊，民國41年7月，頁409～442。

82. 楊希枚，〈聯名制與卜辭商王廟號問題〉，《中研院史語所集刊》第二十一期，民國55年，頁17～37。

83. 溫丹銘，〈殷卜辭婚嫁考〉，《中山大學文史學研究所月刊》第一卷五期，民國22年5月，頁425～428。

84. 萬生華，〈試析西周『同姓不婚』制〉，《蘭州學刊》，民國81年1月，頁69～75。

85. 葛啟揚，〈卜辭所見之殷代家族制度〉，《史學年報》第二卷五期，民國27年12月，頁55～65。

86. 董作賓，〈論商人以十日為名〉，《大陸雜誌》第二卷第三期，民國40年2月，頁6～10。

87. 董書芳，〈殷商家族制度與親族制度的一個解釋〉，《食貨半月刊》第三卷第十期，頁1～7。

88. 賈士蘅，〈殷周婦女生活的幾個面〉，《大陸雜誌》六十卷第五期，民國69年5月，頁199～232。

89. 趙林，〈商代的宗廟與宗族制度〉，《政大歷史學報》第一期，民國72年3月，頁1～17。

90. 趙林，〈商代的雙宗法與交表婚〉，《政大學報》第五十期，民國73年6月，頁45～62。

91. 趙錫元，〈試論中國奴隸制形成和消亡的具體途徑〉，《吉林大學學報——社會科學版》1979年第一期，頁76～81。

92. 趙錫元，〈關於殷代的奴隸〉，《史學集刊》1957年第二期，頁21～45。

93. 趙錫元，〈讀「從卜辭試論商代社會性質」〉，《史學集刊》1957年第一期，頁11～22。

94. 劉克甫，〈西周金文「家」字辨義〉，《考古》1962年第九期，頁499～501。

95. 劉斌雄，〈殷商王室十分組試論〉，《中研院民族研究所刊》第十九期，民國54年，頁89～113。

96. 衛惠林，〈論繼嗣群結構原則與血親關係範疇〉，《中央研究院民族研究所》第十八期，民國53年，頁19～44。

97. 鄭宏衛，〈商代王位繼承之實質——立壯〉，《殷都學刊》，民國80年4月，頁6～10。

98. 魯實先，〈卜辭姓氏通釋之一～三〉，《東海學報》一卷一、二卷一期，民國47年、48年，頁1～41、19～72。之二見《幼獅學報》第二卷第一期，民國48年10月。

99. 龍宇純，〈說婚〉，《中研院史語所集刊》第三十本下冊，民國 48 年 10 月，頁 605～614。

100. 鍾柏生，〈帚妌卜辭及其相關問題的探討〉，《中研院史語所集刊》第五十六本第一分，民國 74 年 3 月，頁 105～136。

101. 嚴一萍，〈夏商周文化異同考〉，《大陸雜誌特刊》第一輯，民國 41 年 7 月，頁 1～35。

102. 嚴一萍，〈殷周兵志〉，《中國文字》新七期，民國 72 年 4 月，頁 1～72。

103. 嚴一萍，〈婦好列傳〉，《中國文字》新三期，民國 73 年 3 月，頁 1～104。

104. 顧頡剛，〈周易卦爻辭中的故事〉，《燕京學報》第六期，民國 18 年 12 月，頁 967～1006。

附錄：甲文引書簡稱

（按年代）

1. 《鐵雲藏龜》，劉鶚，1903 年 11 月，《鐵》。
2. 《殷墟書契前編》，羅振玉，1912 年，《前》。
3. 《殷墟書契菁華》，羅振玉，1914 年 11 月，《菁》。
4. 《殷墟書契後編》上、下，羅振玉，1916 年 4 月，《後上》、《後下》。
5. 《殷墟卜辭》，明義士，1917 年 3 月，《明》。
6. 《戩壽堂所藏殷墟文字》，王國維，1917 年 5 月，《戩》。
7. 《龜甲獸骨文字》，林泰輔，1921 年，《林》。
8. 《簠室殷契徵文》，王襄，1925 年 5 月，《簠》。
9. 《鐵雲藏龜拾遺》，葉玉森，1925 年 5 月，《拾》。
10. 《新獲卜辭寫本》，董作賓，1928 年 12 月，《新》。
11. 《殷契卜辭》，容庚，1933 年 5 月，《燕》。
12. 《卜辭通纂》，郭沫若，1933 年 5 月，《通》。
13. 《殷墟書契續編》，羅振玉，1933 年 9 月，《續》。
14. 《殷契佚存》，商承祚，1933 年 10 月，《佚》。
15. 《卜辭通纂別錄之二》，郭沫若，1933，《別二》。
16. 《鄴中片羽初集》，黃濬，1935 年 2 月，《鄴一》。
17. 《庫方二氏藏甲骨卜辭》，方法斂、白瑞華，1935 年，《庫》。
18. 《殷契粹編》，郭沫若，1937 年 5 月，《粹》。
19. 《甲骨文錄》，孫海波，1937 年，《河》。
20. 《甲骨文集》，孫海波，1938 年 1 月，《文》。
21. 《殷契遺珠》，金祖同，1939 年 5 月，《珠》。

22. 《鄴中片羽三集》，黃濬，1939 年，《鄴三》。

23. 《金璋所藏甲骨卜辭》，方法斂，1939 年，《金》。

24. 《殷墟文字甲編》，董作賓，1948 年 4 月，《甲》。

25. 《殷墟文字乙編》，董作賓，1948 年 10 月，《乙》。

26. 《甲骨綴合編》，曾毅公，1950 年 6 月，《甲綴》。

27. 《殷契摭佚續編》，李亞農，1950 年 9 月，《摭續》。

28. 《戰後寧滬新獲甲骨集》，胡厚宣，1951 年 4 月，《寧滬》。

29. 《殷契拾掇》，郭沫若，1951 年 7 月，《掇一》。

30. 《戰後南北所見甲骨錄》，胡厚宣，1951 年 11 月，《南北》。

31. 《殷契拾掇二編》，郭沫若，1953 年 1 月，《掇二》。

32. 《戰後京津新獲甲骨集》，胡厚宣，1954 年 3 月，《京津》。

33. 《殷墟文字綴合》，郭沫若、曾毅公、李學勤，1955 年 4 月，《合》。

34. 《甲骨續存》，胡厚宣，1955 年 12 月，《存》。

35. 《殷墟卜辭綜述》，陳夢家，1956 年 7 月，《綜述》。

36. 《殷墟文字外傳》，董作賓，1956 年 7 月，《外》。

37. 《京都大學人文科學研究所藏甲骨文字》，貝塚茂樹，1959 年 3 月，《京都》。

38. 《殷墟文字丙編》，張秉權，1957～1972，《丙》。

39. 《加拿大皇家安大略博物館藏明義士甲骨卜辭》，許進雄，1972 年，《安明》。

40. 《殷墟卜辭後編》，明義士、許進雄，1972 年 3 月，《明後》。

41. 《甲骨文合集》，郭沫若，1978～1982，《合集》。

42. 《懷特氏等收藏甲骨文集》，許進雄，1979 年，《懷特》。

43. 《小屯南地甲骨》，考古研究所編，1980 年 10 月，《屯南》。

44. 《英國所藏甲骨集》，李學勤等，1986，《英》。